11.–

Raphael Schulte

IN DIR GEBOREN

RAPHAEL SCHULTE

IN DIR GEBOREN

Vom Kommen Gottes

Herder

Freiburg · Basel · Wien

Imprimatur. – Freiburg im Breisgau, den 27. August 1984
Der Generalvikar: Dr. Schlund
Herstellung: Freiburger Graphische Betriebe 1984
ISBN 3-451-20258-1

Vorwort

Diese Anregungen haben die erklärte Absicht, im Sinne des Advents zur *Einkehr bei sich selbst* aufzurufen und zu ermuntern. Damit sollen andere, gleichfalls notwendige Inhalte adventlicher Besinnung nicht zurückgestellt werden; sie sind aber für dieses Büchlein nicht Thema. Sich einmal einem einzigen Gedanken wirklich aussetzen, ihn gar wiederholt vor den meditierenden Blick bringen, dient dem Ganzen des Glaubens oft mehr als das Berühren aller Teile und ein unbedingt auf Vollständigkeit bedachter Überblick, der dann meist nur oberflächlich bleiben und kaum Tiefe erreichen kann. Aus diesem Grund kreisen die Gedanken, trotz einer aufscheinenden Gliederung, immer aufs neue um den einen und selben Glaubensinhalt, dessen wir gerade im Advent in besonderer Weise innewerden sollen. Es sieht so aus, daß wir uns gerade heute auf diese Weise gegenseitig mit behutsamer und zugleich nachhaltiger Eindringlichkeit die Geheimnisse unseres Glaubens zusprechen müssen, um uns gegenseitig zu einem bewußten und begeisterten Leben aus ihm zu ermuntern (vgl. Röm 1,11f; Hebr 10,23f).

Je mehr wir uns von dem beeindrucken lassen,

was Gott für uns tat und tut, desto nachdrücklicher lernen wir begreifen, einen welchen Wert wir selbst für Gott darstellen, und umso mehr vermögen wir uns mit den Augen Gottes zu sehen, einzuschätzen und uns selbst anzunehmen, ohne dadurch in eine ungute Selbstgefälligkeit hineinzuschlittern. Denn Gottes Absicht ist es doch, zu uns zu kommen, zu lebendig und stets neu erfahrener Lebensgemeinschaft mit uns. So bedarf es unsererseits des Mutes, zuerst einmal bei uns selbst einzukehren, zu uns selbst kommen zu wollen, damit Gott uns dort vorfinde, wo er mit uns das eine gemeinsame Leben zu führen beabsichtigt und alles daransetzt: in uns und in unserer Welt, die die seine, doch uns anvertraute ist. Nur in wiederholtem Anlauf des Nach-Denkens scheinen wir heutigen Menschen es zu erreichen, nämlich zu sich selbst zu kommen, bei sich selbst zu weilen, ja bei sich selbst auszuhalten. Gerade das tut jedoch not, denn Gott möchte nicht irgendwo und durch puren Zufall mit uns zusammentreffen, wie es bei Wanderern geschehen mag, die jeder einen anderen Weg gehen. Gott möchte in uns selbst zugelassen werden, um uns Gott sein zu können. Nur so kann auch erreicht werden, was unsere ureigenste Sehnsucht ist (denn Gott selbst hat sie in uns eingesenkt): wir selbst sein und im uns zu eigen Gegebenen mit Gott ein Herz und eine Seele sein zu dürfen.

Ursprünglich wurden die hier vorliegenden Adventsgedanken auf Besinnungstagen vorgetragen;

zum Teil gehen sie auf Homilien der Advents- und Weihnachtszeit zurück. Die dadurch bedingte Sprachform wurde weitgehend beibehalten. Daß diese Anregungen überhaupt erscheinen – eher entgegen der Gewohnheit des Autors –, hat seinen Grund im vielfältigen Drängen derer, denen diese Gedanken zu Gehör oder, schriftlich fixiert, zu Gesicht kamen. Ohne deren dringenden Wunsch, zumal meiner Mitbrüder in der Abtei St. Joseph zu Gerleve (Westfalen), wäre diese Veröffentlichung nicht geschehen. Sie alle tragen somit dafür die Verantwortung, wofür ihnen gedankt und dieses Büchlein zugeeignet sei.

Raphael Schulte

Inhalt

I
Von der Eigentümlichkeit des Advents

Eine jede Zeit des Kirchenjahres hat ihre Eigenart. Sie jeweils für das eigene geistliche Leben und für das christliche Handeln im privaten wie öffentlichen Bereich zu nutzen, sind wir aufgerufen, nicht zuletzt durch Gottes Wort selbst, nämlich durch die für die jeweilige liturgische Zeit besonders ausgesuchten Texte der Heiligen Schrift. Auch die Lieder und manche symbolträchtigen Bräuche in den Familien und Gemeinden verleihen dem betreffenden Zeitabschnitt des Kirchenjahres seine besonderen Akzente.

Advent – Symbol unserer christlich-diesseitigen Existenz

Schon einige eher äußerlich erscheinende Zeichen machen auf das Eigentümliche der Zeit des Advents aufmerksam. Auf der einen Seite entfällt das Gloria, der sonntäglich-festtägliche Jubelgesang der Meßfeier, und die liturgische Gewandung zeigt das Violett. Das gemahnt uns irgendwie an die Zeit der Buße, der Umkehr, gerade auch im Blick auf die Fastenzeit, die ja gleichfalls durch diese Farbe gekennzeichnet ist. Andererseits begegnet uns in der

Adventsliturgie ein häufigeres Halleluja; das läßt unmittelbar an die Osterzeit denken. Beide, sich beinahe widersprechenden Momente scheinen im Advent gleichzeitig betont zu sein – und das kann uns zum Nachdenken bringen.

Was den Advent charakterisiert, stellt sich damit nämlich, meist wenig beachtet, gerade als Symbol unserer augenblicklichen menschlich-christlichen Existenz heraus, wie sie im diesseitig vor-läufigen Leben erfahren wird. Sie lebt aus diesem Doppelten: aus dem in unserem Getauft-Sein begründeten Wissen um unser Erlöst- und In-die-Osterfreude-gestellt-Sein, wie auch aus der bedrückenden, oft unerträglich erscheinenden Erfahrung eines Absurden und Unheimlichen in unserer Welt, jedenfalls eines noch ausstehenden, bang erwarteten Heils (vgl. Röm 8, 19–30), welche Erfahrung freilich für den Christen überstrahlt sein soll von dem gegen alle Hoffnung hoffenden Wissen um die Verheißung der endgültig-sieghaften Wiederkunft unseres Herrn Jesus Christus in der Erfüllung aller Geschichte. Diese Verheißung der Parusie enthält als entscheidendes Moment immer den Ruf zum erwartungsvollen Ausschauhalten *und* zum Umdenken, d. h. zum Bedenken des „Endes", zu entschiedener Umkehr als tätiger Hinwendung auf den kommenden Herrn, die auch eine bewußte Abkehr von allem einschließt, was dem Kommen der Herrlichkeit in unserem Leben widerstreitet.

Unser jetziges christliches Leben und seinen Auftrag erfahren wir tagtäglich als eingespannt zwischen diesen beiden Polen, nämlich zwischen der schon erfolgten Auferweckung und Verherrlichung Jesu und unserer vor-läufigen Teilnahme daran *und* unserer eigenen und der Welt Vollendung am Ende der Geschichte, das noch aussteht, auf das hin wir aber unser Leben als Taufexistenz auch aus eigenem freien Entschluß auszurichten haben, hier und jetzt, in unserem Alltag.

Worauf wir in dieser Weise durch eher äußerliche Merkmale der Adventszeit gestoßen werden, bestätigt der Blick auf das eigentliche und innere, mit jenen Symbolen angedeutete Geheimnis dieser Zeit. Wir sind ja durch den Advent tatsächlich zum Umdenken, zur Umkehr, als wesentlich christlicher Existenzform aufgerufen; das jedoch mit der besonderen Ausprägung des Advents. Denn ganz anders als in der Fastenzeit erklingt ein eigentümlicher Ruf durch diese ganze Zeit und will nicht verstummen, verstärkt sich vielmehr, je näher wir dem Fest kommen, auf das hin der Advent uns ausgerichtet wissen will. *Der* Ruf des Advents ist: Ecce! Siehe! Schaut! Haltet Ausschau! Wartet, in froher, zuversichtlicher, kindlich-unbändiger Erwartungshaltung! Freuet euch, denn verheißen ist das Licht, der Herr! Ja, *er kommt!* Das ist *der* unaufhörliche und unüberhörbare Ruf dieser Zeit an uns. Nicht so sehr zu einem bußfertigen Tun und Handeln unsererseits werden wir aufgerufen und ermuntert, als vielmehr zuerst einmal zu diesem eigenartigen

Aufwachen, Wachwerden, Wachbleiben, Sich-Bereithalten, im Sinne unbändiger Erwartung, die alles in uns prägen soll: *Er kommt!*

Wer kommt? Auf diese Frage gibt uns der Advent eine Antwort, die ihm wieder ganz eigentümlich ist und uns eindrucksvoll seinen besonderen Charakter und daher symbolkräftig gerade wieder unsere augenblickliche Existenz als Christen vor Augen stellt. Die Antwort erscheint absolut eindeutig und begreiflich – und geheimnisvoll vieldeutig zugleich, prophetisch verhüllt und zugleich so klar wie der helle Tag. Die Texte der Liturgie, die ja der Heiligen Schrift entnommen wie auch dem Dichtgut vieler Generationen kirchlicher Tradition verpflichtet sind, weisen unseren Blick – eigenartig genug – *zugleich* auf das Weihnachtsfest mit seinem uns meist schon allzu geläufigen Festinhalt hin (den wir freilich noch tiefer zu bedenken haben), wie auch auf das eschatologische Kommen desselben Herrn Jesus Christus, dessen Geburtsfest wir erwarten. Ja, die Erwartung der endgültig sieghaften Wiederkunft unseres Herrn am Ende der Zeiten prägt bekanntlich die ersten Wochen des Advents entschieden nachhaltiger als die Vorfreude auf sein Geburtsfest. Die Antwort auf unsere Frage, wessen Ankommen denn nun so unüberhörbar angekündigt sein soll, scheint uns so in zwei Richtungen zugleich Ausschau halten zu lassen: einmal von jetzt zurück, in die Geschichte Gottes, die sich zur Zeit des Augustus ereignet hat, *und* dann hin in die verhüllt-ferne Zukunft, eben auf das Ende aller Geschichte.

Es ist allen Nachdenkens wert, was es mit diesem eigentümlich geheimnisvollen Auf-uns-Zukommen dessen auf sich hat, den unmittelbar und freudig bewegt zu erwarten, wohlgemerkt, *hier und jetzt* zu erwarten, wir im Advent aufgerufen werden. Das Nachdenken darüber ist umso dringlicher, als wir uns ja nicht nur auf die Dauer von einigen Wochen, eben für die Zeit des Advents, in diese Haltung hineindenken und hineinüben sollen; es ist ja schon klar geworden, daß der Christ als Christ in seinem ganzen Leben kein anderer denn ein adventlicher Mensch sein soll. Sicher, für die liturgische Zeit des Advents gilt es in einem besonderen Sinn, diese entscheidende Lebensform des Christen einzuüben und sich zur beglückend erfahrenen Gewohnheit werden zu lassen; diese soll dann aber das Alltagsleben überhaupt prägen.

Das Besondere des Adventsrufes

Wir sollen also ausschauen auf den endgültig-eschatologisch wiederkommenden Herrn, *gerade indem* wir uns auf sein Geburtsfest freudig vorbereiten, wobei wir mit ihm doch etwas feiern, das längst geschehen ist. Dieses sollen wir – so der Adventsruf an uns – erinnernd-gedenkend für uns persönlich eintreffen lassen, *gerade indem* wir *den* Ruf der Kirche auch als unseren eigenen mit-beten und mit-singen, den sie an ihren heiß ersehnten, aber noch fern empfundenen Bräutigam richtet, auf die Verheißung seines unverzüglichen Kommens vertrauend, auf daß die Hochzeit des Lammes und der durch dessen Blut erkauften und rein gewaschenen Braut (vgl. Offb 21–22; Eph 5,25–32) gefeiert werde: Marana tha! Komm, Herr Jesus! (vgl. 1 Kor 16,22; Offb 22,20; dazu die vollen Texte mancher Lieder der Advents- und Weihnachtszeit, wie: „Wachet auf, ruft uns die Stimme"; „Macht hoch die Tür"; „O Heiland, reiß die Himmel auf"; „Wie schön leuchtet der Morgenstern" u. ä.).

Der Adventsruf, der an uns gerichtet ist, trifft uns somit in einer ganz anderen Weise, als die Verheißungsrufe des Propheten das Volk Israel wachrütteln sollten. (Auch das ist allerdings des Bedenkens wert, daß es in den meisten Fällen dieselben Rufe sind, die damals Israel und heute uns gelten!) Das Besondere und nicht selten zu wenig Beachtete ist dieses: Der da *uns* angesagt ist, heute, das ist jener Herr, der schon für uns gekommen *ist*! Denn als der zur Zeit des Augustus Gekommene und Menschgewordene wird er wiederkommen in letzter Herrlichkeit. Unser christliches Adventserwarten bezieht sich ja, anders als es für die Israeliten *vor* Christus in ihrer Messiaserwartung der Fall war, auf den, der damals, zur Zeit des Augustus, Mensch wurde, geboren von der Jungfrau Maria, der unter Pontius Pilatus für uns am Kreuz gestorben ist und auferweckt wurde.

Eigenartig, und es ist doch *die* Realität: Wir erwarten das Kommen des Gekommenen! Das bedeutet entschieden mehr für unseren heutigen Alltag, als es auf den ersten Blick scheinen mag. Unsere Erwartungsfreude und Hoffnungsmacht entspringen dem Wissen um längst Geschehenes, das sich heilvoll für uns längst ereignet hat und gerade deswegen diese „unglaubliche" Gewißheit unseres Glaubens und die Sicherheit unserer Hoffnung begründet. Die Sicherheit, mit der *wir,* die Christen, der Verheißung des adventlichen Kommens unseres Herrn vertrauen, kommt uns aus unserem Osterglauben zu und trägt dessen Freude in sich. Dazu feiern wir den Advent, daß wir den Grund unseres Glaubens immer aufs neue *vor* uns bringen, besser noch: das zu unserem Heil längst Geschehene auch persönlich auf uns zukommen lassen, da es sich von sich aus, ohne unser Zutun, als das uns Zugedachte, Zukommende und Zusagende schon erwiesen hat.

Adventliche Erwartungshaltung

So zeigt sich: Das Ausschauen, zu dem uns der Adventsruf auffordert, das zunächst als kaum miteinander vereinbares, jedenfalls nicht zugleich vollziehbares Zurück- *und* Vorausblicken erscheinen mochte, stellt sich in Wirklichkeit als das *eine* Ausschauhalten heraus, das uns jetzt, heute, im Hier unserer Alltagswelt gefangennehmen und zugleich zu christlichem Lebensengagement begeistern soll. Denn es richtet sich ja auf den *einen* und selben Herrn, der uns in seiner Zuvorkommenheit *immer* voraus ist. Mit allem, was er für uns getan hat, tut und tun wird, kommt er auf uns zu, um bei uns zu bleiben – sofern wir ihn bei uns zulassen und Eingang gewähren. So möchte sich die erste und letzte Absicht Gottes erfüllen: das Weilen Gottes bei uns und in uns, als unser Immanuel. Damit ist zugleich auch ein wichtiges Moment dieser unserer Geschichtszeit und ihres Sinnes erfaßt. Denn wir wissen, daß sich das Herr-Sein unseres Herrn Jesus Christus, begründet im Kreuzesereignis (vgl. Phil 2,5–11), in dieser unserer Zeit auf Endgültigkeit hin bereitet und wir in dieses Bereiten mit hineingenommen sind, damit es sich an jenem Tag in letzter Fülle ereigne (vgl. 1 Kor 15).

II
Adventliche Ansage des Kommens Gottes – Anfrage an den Menschen

Den Advent leben und er-leben bedeutet folglich für den Christen, diesem uns aus seiner schöpferisch-heilbringenden Zuvorkommenheit immer schon Zuvorgekommensein Gottes nun auch unsererseits zu entsprechen. Es gilt, jenes Gekommen-Sein des Sohnes Gottes in der Menschwerdung, damals zur Zeit des Augustus, das ja *für alle* Menschen zum Heil geschehen und also Tatsache ist, nun auch wirklich *für sich persönlich* geschehen sein, bei sich persönlich ankommen zu lassen. Denn die göttliche Liebe, die dem Menschen seine eigene Freiheit geschenkt hat, vermag alles, nur nicht sich selbst aufzudrängen oder gar aufzuzwingen: Gott wirbt um den Menschen, auch noch um den Sünder, auf daß er sich lieben lasse mit göttlich-selbstloser Liebe (vgl. 2 Kor 5,20–6,2; Hos 11).

Persönliches Angesprochensein

Das ist somit die erste Frage, die jeder an sich selbst stellen muß, in letzter Redlichkeit und Unausweichlichkeit: *Will* ich das tatsächlich: den Herrn persönlich bei mir ankommen lassen? Mit allem, was das bedeutet und mit sich bringt (denn der, der zu mir kommen möchte, um bei mir zu bleiben, ist ja nicht irgendwer!)?

Es wird uns heute nicht anders als schon vielen Generationen vor uns mit den Worten der Propheten die Ankündigung Gottes selbst zugerufen: *Er kommt!* Er hat sich auf den Weg gemacht zu dir persönlich! Daher: Wie trifft mich eigentlich dieser Ruf? Kommt er bei mir an; *lasse* ich ihn bei mir ankommen? Und was tue ich, da ich ihn vernehme? Gehe ich im letzten unberührt an meine alltäglichen Verrichtungen? Oder was wird eigentlich in meinem Alltag, jetzt, zu dieser Stunde, anders, eben weil ich diesen Ruf an mich wirklich ernst nehme? Nehme ich ihn überhaupt ernst?

Ob wir nun den Advent als Vorbereitungszeit für das Weihnachtsfest, d. h. für das Geburtsfest unseres Herrn begreifen, der ja gerade auch für mich persönlich geboren werden wollte, oder ob wir an die Verheißung der endgültigen Wiederkehr desselben Herrn denken, in jedem Fall gilt die Unausweichlichkeit dieser Frage: Was wird bei mir, *in* mir anders schon dadurch, daß ich diesen Adventsruf ganz ernst nehme? Bereite ich mich tatsächlich darauf vor, daß Jesus gerade auch mir geboren sein will? Und erweckt der Ruf, daß der Herr endlich doch zur letzten Vollendung kommt, jene Freude und tätige Erwartungshaltung in mir, hier und jetzt, wie es für die gilt, die sich aus Liebe zueinandersehnen?

Es mag an dieser Stelle passend erscheinen, daß wir ein wenig innehalten und bestimmte Erfahrungen, die wir alle aus unserem alltäglichen Leben kennen, oft nur allzu gut kennen, bewußt vor den Blick bringen mit der ausdrücklichen Absicht, das Erfahrene und längst Eingesehene auch für unser Gottesverhältnis gelten und zu lebendiger Auswirkung kommen zu lassen.

Bedenken wir, was wir selbst gar nicht so selten in unseren zwischenmenschlichen Beziehungen erleben: Da möchte jemand bei seinem Freund einen Besuch machen. Seine erste Frage wird sein: Treffe ich ihn an? Und: Komme ich passend – oder störe ich, weil ich zu unglücklicher Stunde komme und ihn keineswegs aufgeschlossen vorfinde? Ist er im Augenblick wirklich froh und bereit, mich zu empfangen? Und auch wenn man einen geplanten Besuch angekündigt, den Termin sogar vereinbart hat, dann gilt immer noch: Wird mein Kommen und vor allem mein Ankommen gelingen? Oder schiebt sich etwas dazwischen, so daß ich ungelegen komme, wenngleich wir miteinander Freunde sind? Und wie ist es, wenn man den Freund, den Geliebten mit seinem Besuch *überrascht,* in der Meinung (die Liebenden selbstverständlich ist), für ihn gebe es nichts Schöneres, Beglückenderes, als das unvermutete Beisammensein-Dürfen unter Freunden, Liebend-Geliebten?

Wir wissen: Was man mit seinem Zu-Besuch-Kommen beabsichtigt, kann nur gelingen und sich erfüllen, wenn man den anderen antrifft und er zudem auch ganz offen und bereit ist, den Besuch wirklich zu sich und bei sich ankommen zu lassen. Unter Menschen, die einander zugetan, die miteinander Freunde sind, die sich als sich gegenseitig Liebende wissen, ist es eine alles umfassende Selbstverständlichkeit, daß man die gegenseitige Verbundenheit pflegt, was nicht zuletzt durch das Besorgen eines häufigen Beisammenseins, eines immer erneuerten Austausches des Eigenen geschieht.

Die Freiheit, sich ansprechen zu lassen

Denken wir über diese unsere Erfahrungen tiefer nach, so entdecken wir bestimmte Eigentümlichkeiten, die genau auf unsere christlich-adventliche Existenz vor und mit Gott zutreffen. Damit persönlich-freie Begegnung im Beisammenweilen gelingen kann, müssen sich manche „Bedingungen“ erfüllen.

Da muß zunächst einmal eine erste Verbundenheit, ein erster Einklang der gegenseitigen Zuneigung geschaffen sein, damit überhaupt der Gedanke aufzukommen vermag, auf den anderen zuzugehen, um bei ihm und mit ihm das Ein-Herz-und-eine-Seele-Sein-Wollen entstehen, wachsen, sich entfalten und erfüllen zu lassen. Dem Beim-andern-Ankommen-Wollen des einen muß das Zu-sich-kommen-Lassen des anderen entsprechen; ja, es muß sich bei diesem gleichsam ein Sehnen nach solchem Zusammenkommen entfalten, noch bevor es Ereignis wird. Es muß ein gegenseitiges, vielleicht unausgesprochenes, jedenfalls aber lebendig bewußtes Übereinstimmen darüber herrschen, gegenseitig aufeinanderhin Ausschau zu halten, dann aufeinander zuzugehen, auf daß personale Begegnung statthabe. Es herrscht längst zuvor die Einsicht, daß es ersehnte Überraschung und nie ein Überfall sein wird, je den anderen zu besuchen und bei ihm zu weilen; bringt man doch sich selbst aus Liebe in das Geschehen ein, auf daß liebend-geliebtes Eins-Sein geschehe. Ja, wir wissen aus Erfahrung noch mehr: Selbst für die Dauer eines solchen Besuches unter Freunden oder sich Liebenden gilt immer und bleibend die „Forderung" des steten, bewußt gewollten und vollzogenen Auf-sich-Zugehens und Auf-sich-zukommen-Lassens.

Lebendige Erfahrungen unseres Miteinanderseins

Es „funktioniert" gerade nicht von selbst, was wir personale, gar beglückende Begegnung im Miteinandersein nennen. Sie will als je eigene Ich-Handlung bewußt vollzogen sein. Am selben Frühstückstisch zu sitzen und zur gleichen Zeit das Frühstück einzunehmen bedeutet nicht schon automatisch, daß hier liebende Begegnung, liebendes Mit- und Ineinander-Sein gelingt oder auch nur gewollt ist. Wir kennen alle – leider – die Not, die im räumlichen oder gesetzlichen Beisammensein und gleichzeitigem Weit-voneinander-Entferntsein liegt, weil zwischen solchen „Partnern" Mauern bestehen oder auch kein Wille noch Engagement vorhanden sind, zueinanderzukommen.

Es ist eine eigenartige Erfahrung, die wir aber alle kennen: Soll zuneigendes Beisammensein beginnen, sich entfalten und erfüllen, dann muß ein jeder der zu Beteiligenden dem anderen den Freiheitsraum eröffnen, in Freiheit auf den anderen zugehen, darauf vertrauend, daß dieser aus seiner Freiheit sich öffnet und ihn an sich herankommen läßt, ja bei sich einkehren läßt. Solches gegenseitiges Aufeinanderzugehen bedeutet dann, in das eröffnete Eigene und Innere des anderen zugelassen zu werden, so daß sich ereignen kann, was jenseits und über allem bloß Material-Physikalischen geschieht: Das miteinander untereinander Eins-Werden im frei und selbst-vollzogenen Ein-Herz-und-eine-Seele-Sein. Daß dem Menschen als Person eine solche Fähigkeit verliehen ist und daß er solches Eins-Sein aufgrund freien Aufeinanderzugehens und Einanderzulassens sogar in je unterschiedlichem „Maß" und mannigfacher Intensität vollziehen kann – es geschieht ja anders unter Freunden, anders unter Geschwistern, unter Eltern und Kindern, anders unter Liebenden und Ehegatten (um vom Gott-Mensch-Verhältnis hier noch nicht zu reden) –, das gehört zum Erstaunlichsten seines ihm geschenkten Seins, macht eines der beglükkendsten Momente des Geheimnisses aus, das er in Person ist.

Aufs ganze Leben geschaut, das aus gegenseitiger Zuneigung frei, bewußt und je den anderen beglükkend und bereichernd geschieht, zeigen sich entscheidende Momente dieses personal-persönlichen Zueinander-Kommens und Beisammen-Weilens: Man weiß um den je eigenen Wert, den man für den anderen sein, den man dem anderen übereignen kann (ohne sich dabei selbst zu verlieren); man weiß um die vielen Handlungen und Ereignisse, die als bewußt vollzogene Erinnerungen das immer erneuerte Aufeinanderzukommen reicher und inniger werden lassen; man weiß darum, sich selbst als solchen anschauen zu dürfen, bei dem bleibend zu weilen für den anderen eigenes Glück bedeutet, weswegen man den eigenen Wert um des anderen willen zu pflegen lernt, sich immer reicher gestaltet ...

Es gibt nicht wenige Gleichnisse, mit Hilfe derer uns Jesus selbst diese unsere eigenen Lebenserfahrungen zum Bedenken vor Augen stellt: das Gleichnis vom königlichen Hochzeitsmahl mit den fadenscheinigen Entschuldigungen der zuerst Geladenen und mit der Gleichgültigkeit dessen, der in ungeziemender Kleidung meint erscheinen zu können (vgl. Mt 22, 1–14); das Gleichnis vom treuen und vom lässigen Knecht (Mt 24, 45–51), von den zehn Jungfrauen (Mt 25, 1–13); und auf ihre besondere Weise auch die Gleichnisse vom verlorenen

Schaf, von der verlorenen Drachme sowie vom barmherzigen Vater (meist als Gleichnis vom verlorenen Sohn bezeichnet) (Lk 15,1–32).

Folgerungen für unser Gottverlangen

Alles in allem gesehen: Die erste Besinnungsfrage an uns selbst für den Advent lautet: Erwarte ich mir persönlich den, der sich mir persönlich, und uns allen, angekündigt hat? Erwarte ich mir persönlich meinen Herrn und Gott, jetzt, zu dieser Stunde, hier, in dieser meiner Alltagswelt? Oder habe auch ich diese und jene Entschuldigung parat, daß mir sein Kommen im Augenblick gar nicht gelegen kommt? Beteuere ich, Gott zu lieben „aus ganzem Herzen und ganzer Seele", und ziehe ich trotzdem, jedenfalls für diesen Augenblick, das Engagement in meinem Beruf, für dieses oder jenes vor, aus einer gewissen unbedachten Gleichgültigkeit? Vermag ich nicht mehr zu realisieren, daß Lieben gerade nicht *gegen* Berufsengagement wirkt, dies vielmehr beflügeln kann, ich also, „beides" tuend, gerade nicht „geteilt" bin, solange ich mich wirklich in beidem frei engagiere? (Wir werden das im Folgenden noch bedenken.) Wie nahe weiß ich mir meinen Gott wirklich, und wie nahe wünsche ich ihn mir?

Mit diesen Fragen, die wir uns wirklich stellen sollten, denen wir uns aussetzen sollten – solange wir „trotz allem" dabei bleiben möchten, Gott als den uns über alles Liebenden und uns als die ihn, so gut es uns gelingen möchte („ich glaube, Herr, hilf meinem Unglauben", wer müßte nicht so beten? vgl. Mk 9,24), antwortend Liebenden –, müssen wir gar nicht überspielen, daß es viele Bedingungen gibt, die nicht in unsere Verfügungsmacht gestellt sind, die aber unser sog. religiöses Leben mehr beeinflussen, als uns lieb ist. Worauf wir uns jedoch in diesen Betrachtungen aus dem uns geschenkten Anlaß des Advents besinnen möchten, ist die in uns gelegte Möglichkeit und Fähigkeit, den zu uns kommenden Gott, der ja gerade auch unserer hilflosen, doch ehrlichen Liebe entgegenkommen möchte, wirklich zu ersehnen und ihn in uns zuzulassen. Daher stellen wir uns auch die Frage, als wen wir uns Gott eigentlich erwarten. Was versprechen wir uns (so ist ja unsere gängige Formulierungsweise) von seinem Ankommen? Wirklich das, was *er* angekündigt und verheißen hat – oder das, was mein armer, wenig erfindungsreicher Geist sich ausdenken mag? Jedenfalls sollten wir gelten lassen: Es ist Gott selbst, persönlich, der sich uns angesagt hat und vor unserer Tür steht (vgl. Offb 3,20).

III
Advent jahraus, jahrein – ein sinnloser Kreislauf?

Das Gewohnte – ein Nichtiges?

Wir feiern Advent, nicht anders als die anderen Zeiten des Kirchenjahres, jahraus, jahrein, immer wieder aufs neue. Auch das kann zu einer Frage werden, wenn es auf sie nicht gar schon zu einer resignierenden Antwort gekommen ist. Was soll dieses stete Wiederkehren der Erinnerung der Heilswege Gottes? Habe ich mich dieser Tatsache wirklich schon gestellt und für mein Leben daraus Kraft, ja Begeisterung und Beglückung geschöpft? Oder ist mir diese Wiederkehr doch im Laufe der Zeit zur Routine geworden, die vieles Negative in sich gesammelt hat, das alles vergiftet? Auch das ist einer Besinnung wert: Was hat es mit diesem Gewohnten auf sich? Dürfen, ja sollen wir es pflegen, gar zu unserer Freude, die uns bereitet ist, doch nur dann wirklich unsere eigene zu werden vermag, wenn wir uns auch zu ihr „überreden" lassen und sie, ihr frei zustimmend, auch selbst wollen (vgl. die Thematik des Gaudete-Sonntags, die wir als ausgesprochen christliche Lebensthematik vielleicht viel zu sehr vernachlässigen)?

Nun ist die Erfahrung eigentlich so, daß der Beginn eines neuen Kirchenjahres, eben der Advent, uns immer (noch) anzusprechen weiß. Nicht zuletzt tragen manche Bräuche ihren Teil dazu bei. Trotzdem meldet sich das Gefühl, ob wir, die modernen Menschen, eigentlich gut daran tun, uns auf diese Weise – mit der Feier des Kirchenjahres jahraus, jahrein – ständig im Kreis zu drehen. Auch das im Moment vielleicht noch froh Begrüßte – die Kerzen, das Licht usw. – überdeckt nicht das aufkommende Gefühl einer Gewohnheit, die abstumpft. Wenn das angesagte Kommende immer wieder dasselbe ist (eben das, was wir allzu vordergründig als solches betrachten: dieselben Lieder, derselbe Adventskranz, dieselben Texte ...), ist es dann nicht doch so, daß eben *nichts* kommt, nichts *wirklich* geschieht, jedenfalls nichts, das mich und die Welt erfahrbar verändert? Dürfen wir uns überhaupt gegenseitig ermuntern, einer solchen Resignation, die sich unser bemächtigen will, zu widerstehen? Wieso ist es denn *nicht* ein kreisendes Immer-Dasselbe, ein Sich-im-Kreis-Drehen, das in Wirklichkeit nichts schafft, nichts weiterbringt?

Zur Unersättlichkeit personalen Begegnens aus Liebe

Diesen Fragen sollten wir behutsam begegnen, damit vor den Blick tritt, was die eigentliche, verborgene, in Wirklichkeit aber doch längst erfahrene Realität ist. Wir kennen doch alle das beglückende

Gefühl, ein uns längst bekanntes Bild wiederzusehen, eine uns lieb gewordene Musik immer wieder zu hören. Ein längst Bekanntes, das immer wieder auf uns zukommt, ein Bekannter oder gar Freund, der uns immer wieder einmal besucht, das und Ähnliches bedeutet uns alles andere als überdrüssig Stimmendes. Sagen wir nicht einem uns liebgewordenen Bekannten (doch gerade *weil* wir ihn *kennen*!), er möchte uns doch wieder einmal besuchen – und lassen es uns Freude sein? Je mehr man sich kennt, je inniger man sich verbunden weiß, umso mehr erwartet man im anderen – immer den einen und selben!

Und das wissen wir: Gerade in einem solchen Fall ist es *nicht* das (banale, abstumpfende, zu Tode ermüdende) Immer-Dasselbe, vielmehr immer das Neue, da der andere immer wieder neu er selbst ist – und wir es mit ihm werden. (Es mag sein, daß wir solche Erfahrungen heute wieder lernen, wieder pflegen lernen müssen. Was aber gerade nicht gegen sie spricht.) Und kennen wir nicht auch diese eigentümliche Ausdauer eines Freundes, der sagen muß: Nun war ich schon sooft an deiner Tür, und du warst nicht zu Hause!, der aber immer wiederkommt und versucht, mich anzutreffen? Er jedenfalls macht weiterhin seine Anläufe, zu mir zu kommen, um mit mir das persönliche Miteinander zu pflegen, wohlgemerkt: der, der mich längst gewohnt ist!

Es ist gerade kein irrationales Beginnen noch ein

Immer-vergeblich-im-Kreise-Gehen, wenn jemand nicht davon abläßt, immer denselben Gang zu unternehmen, um den Bekannten, den als Freund oder Liebenden längst „Gewohnten“, stets erneut aufzusuchen. Und nicht nur das Noch-nicht-Gelingen des Ankommens läßt die Versuche wiederholen, den anderen anzutreffen. Vielmehr bringt jeder gelungene Besuch, jedes erfahrene Glück Miteinanderweilens den je größeren, drängenderen Wunsch hervor, sich möglichst bald wiederzusehen. Verabschieden wir uns nicht von einem Freund gerade mit dieser Bitte, man möchte sich recht bald wiedersehen?

Vom Einsatz seiner selbst im wiederholten Sich-Begegnen

Warum handeln wir so? Was ist der Gewinn solchen Tuns? Wer den anderen besuchen will, um beim anderen zu weilen (jedenfalls einige Zeit), empfindet es offensichtlich als für sich beglückend und erfreuend, wenn solches geschehen kann. Der andere bedeutet ihm so viel, daß er sich auf den Weg macht, von sich selbst auf ihn hin, seine eigene Freiheit vom anderen bestimmt sein läßt, sich und seine Zeit dem anderen schenkt und darin eigenes Glück erfährt. Das gilt umso mehr, je mehr es aus Liebe zum anderen geschieht, die ja sagt: Ich möchte dein sein; ich möchte, du habest mich und was mein ist, zu deiner Freude. Der andere, der jemanden in dieser Absicht zu sich kommen weiß, begreift allein schon dadurch, einen welchen Wert er selbst darstellen muß, wenn dem anderen derart daran liegt, bei ihm weilen zu dürfen. Man beginnt auf eine ganz neue Weise, sich selbst zu sehen und zu schätzen, da der andere, der sich frei auf den Weg machte, einem dazu die Augen öffnet. Den anderen bei sich ankommen lassen, sich ihm öffnen, bedeutet somit auch, sich selbst neu gewinnen zu können.

Wir erkennen: Geschieht ein solches Zueinanderkommen in Gegenseitigkeit, gar aus gegenseitiger Liebe, dann gibt es nichts Beglückenderes als – Wiederholung ... Freilich, es bedarf des persönlich bewußten Einsatzes seiner selbst, daß solches Sich-Besuchen nicht zu einem leeren Zeichen wird.

Wir wollen, im Blick auf unsere Frage nach dem Sinn der jährlichen Wiederkehr des Advents, hier nicht übersehen, daß ja nicht erst unser ausgesprochen christlich-kirchliches Leben sich in einem gewissen Sinn am Jahreslauf ausrichtet; dieser bestimmt uns vielmehr schon natural, ohne damit dem Personalen unserer Existenz zu widersprechen oder gar zu widerstreiten. Es gehört mit in die Geschichtlichkeit menschlicher Existenz, daß unser diesseitiges Leben auch so etwas wie Zeitrhythmen kennt. Wir wissen freilich zugleich, wie wenig unsere Jahre sich untereinander gleichen; unser Leben schreitet in einem eigenen, geheimnisvollen Sinn vorwärts. So ist es gar nicht verwunderlich, festzustellen, daß sich darin auch unser Gottesverhältnis hineinstellt und von ihm umfangen weiß.

Wenden wir das alles auf unsere Frage nach der jahraus, jahrein „wiederholten" Feier des Advents (und des Kirchenjahres überhaupt) an, dann ist jetzt eigentlich gar nicht mehr viel zu sagen. Denn das eine steht jedenfalls eingesehenerweise fest: Gott *hat* seinerseits alles darangesetzt, bei uns anzukommen, ja Gott-mit-uns-und-bei-uns sein zu dürfen; und er setzt nach wie vor *alles* dafür ein, nämlich sich selbst (wir werden auch das im folgenden noch ausführlich besprechen). So habe ich die Frage an mich selbst (und wir an uns, an unsere Gemeinschaften, Familie, Gemeinde, Gesellschaft ...) zu stellen: Was halte ich von der „Gewohnheit" personaler Begegnung? Und vor allem: Was tue ich als meinen Teil, daß Gottes Ankommen-Wollen bei mir, ja gerade auch das wiederholte und immer neue Zu-mir-Kommen und Bei-mir-Weilen Gottes für ihn und für mich das werde, was es nach seiner Absicht sein soll und sein könnte? Diese Fragen betreffen mehreres. Gilt es doch hier, wie in jedem Fall liebender Begegnung, zu bedenken, wer eigentlich der ist, der zu uns kommt, dem daran liegt, bei uns zu weilen; sodann: wer ich selbst bin, da mir gesagt wird, dem anderen, eben Gott, bereite es *die* Freude seines Lebens, bei mir ankommen und weilen zu dürfen. Weiters wird zu bedenken sein, was Gott seinerseits alles schon unternommen hat, damit gelinge, was er mir und sich wünscht, wie auch, was ich selbst meinerseits tat bzw. zu tun habe, damit ich meinen Teil beitrage, auf daß sich erfüllen könne, wozu ich mich letztlich geschaffen weiß: ich selbst zu sein, mich mit allem bereichern zu dürfen, was Gottes ist, um so immer mehr und stets neu mit mir selbst, mit Gott und mit allen Mitmenschen und dem Universum eins zu sein, ein Herz und eine Seele.

IV
Der Mut zur Einkehr bei sich selbst

Es ist eigenartig – und doch ist es unsere erfahrene Realität: Will jemand bei seinem Freund einen Besuch machen, so muß dieser zu Hause sein. Er muß sogar so zu Hause und bei sich selbst sein, daß der Freund ihn nicht nur überhaupt oder so irgendwie vorfindet, ihn vielmehr „aufgeräumt“ antrifft, von allem gleichsam gelöst, eben so, daß er sich ganz dem Besuch widmen kann, sich für ihn Zeit nimmt, „ganz da ist“ (wie wir sagen) für den, der eintrifft. Damit eine persönliche Begegnung, ein intendiertes Beisammensein gelinge, sich reich gestalte und Beglückung bringe, bedarf es ja nicht einfach nur zweier Personen, sondern vor allem ihrer darauf gerichteten Absicht, Haltung und Handlung. Es bedarf dessen, der ankommen möchte, persönlich, und dessen, der auch bei sich ankommen läßt, indem er persönlich *da*-ist *und* sich auf den anderen hin eröffnet. Beides steht in ihrer Freiheit.

Wir kennen ja die Redewendung: „der läßt niemanden an sich herankommen“. Sie macht deutlich, daß wir sehr gut wissen, worum es geht. Wenn nun also der Herr selbst bei mir ankommen möchte, sich dazu längst auf den Weg gemacht hat, wie uns der Adventsruf unermüdlich zuruft, dann steht zur Frage: Trifft er mich bei mir an? Und: Lasse ich ihn an mich herankommen? Er hat sich angesagt und ist schon nahe. Was also tue ich, daß er mich auch wirklich bei mir antrifft? Wir brauchen jetzt noch gar nicht zu fragen, *wie* er mich antrifft oder wie wir möchten, daß er uns antreffe, wenngleich auch das noch zu bedenken sein wird. Fragen wir zunächst nur dieses eine: Trifft er mich überhaupt bei mir an – oder muß er vor meiner Tür warten, bis ich nach Hause, zu mir komme?

Einkehren bei sich selbst, um sich zu finden

Das ist eine erste Adventsbesinnung wert; in ihr könnten wir uns diese Frage vorlegen, um sie dann im Alltagsleben immer aufs neue selbstkritisch (wenngleich nicht selbstquälerisch) zu stellen: Bin ich eigentlich bei mir selbst daheim? Der Weg dieser Besinnung ist die *Einkehr bei sich selbst,* das bewußte Zu-sich-selbst-Kommen.

Wie oft erfahren wir es bei anderen (bei uns selbst bemerken wir es meistens am wenigsten, wollen es auch kaum wahrhaben), daß sie so zerstreut, abwesend sind, in allem gefunden werden können, nur nicht bei sich selbst. Und das hat ja, ganz konsequent, zur Folge, daß sie sich kaum je bei sich selbst betreffen lassen und so zu keinem wirklichen Gespräch fähig sind, in das sie sich selbst einbringen. Den Adventsruf verstehen und ihn sich für sich auswirken lassen, bedeutet tatsächlich dieses zuerst: *Selbst* Einkehr halten und Ankommen zunächst einmal bei sich selbst! Was klingt da nicht alles mit – sofern wir es für uns klingen lassen (was nicht von selbst gelingt, vielmehr gewollt sein muß). Wie sehr wünschen wir uns so oft, endlich einmal (wieder) zu uns kommen zu dürfen, der Hektik der Welt und der eigenen im Innern entfliehen zu können und es auch wirklich zu tun? (So sagt es uns ja die bekannte Redewendung: Die Arbeit frißt mich ganz auf. Man findet keine Zeit für sich selbst. Man kommt nicht einmal mehr zu sich selbst, kann sich nicht einmal mehr auf sich selbst besinnen. Die Folgen für die, denen wir etwas bedeuten möchten, sind offenkundig.)

Wenn das aber so ist, – wie soll dann der Herr zu uns kommen, uns bei uns antreffen können, wenn wir selbst es nicht zuvor schon unsererseits getan hätten? Er fände uns ja gar nicht bei uns vor! Wer einen Besuch wirklich erwartet, sieht zu, daß er wenigstens *vor* diesem bei sich zu Hause ist, um von einer entsprechenden Vorbereitung des Eigenen zunächst noch ganz zu schweigen. Das Warten auf die Ankunft des Besuches, zumal eines lieben Besuches, bedeutet doch einerseits, „es nicht mehr erwarten können" (wie wir sagen), bis daß er da ist, und andererseits, als Vorbedingung, das Bei-sich-*Weilen*, das Gesammelt- und Ganz-ausgerichtet-Sein auf den hin, der kommt. Das schließt mehr in sich, als es auf den ersten Blick scheinen mag, wenn wir an Gott und sein Ankommen-Wollen denken.

Den Wert des eigenen Seins entdecken

Ein Erstes: Dem, der zu mir kommen möchte, liegt offensichtlich daran, bei mir und mit mir zusammenzusein. Das umso mehr, je größer und inniger die Freundschaft und Liebe ist. Gott selbst liegt also daran, bei mir und mit mir zusammenzusein! Und das ist so sehr der Fall, daß *er* sich auf den Weg zu mir gemacht hat. Er wartet nicht erst ab, ob und wann *ich* auf diesen Gedanken käme. Bedenken wir diese Zuvorkommenheit Gottes uns gegenüber! Die Heilige Schrift ist voll der Hinweise auf diese Tatsache, die ja nicht nur im Reden besteht, sondern vor allem in den Taten Gottes, die er auf uns hin gesetzt hat und immer noch setzt. Gott jedenfalls – das ist die „unglaubliche", „umwerfende", im buchstäblichen Sinn unausdenkbare Tatsache – will nicht bei sich und mit sich selbst allein glücklich und zufrieden sein und leben. Er mag nicht sein noch leben, es sei denn bei mir, mit mir, mit uns zusammen! Das ist doch *der* Ausruf des Erstaunens, den der Psalmist für uns alle formuliert hat: Wer bin ich, der Mensch, daß du, Gott, überhaupt auf den Gedanken gekommen bist, dich mit mir abzugeben, dich um mich zu kümmern, meiner zu gedenken? (vgl. Ps 8 und 144). Gott hat sich zudem ansagen lassen; er möchte zu mir kommen, von mir zugelassen sein, um bei mir zu bleiben. Ich soll dieses Wort Gottes ernst nehmen, so ernst, wie nur immer Gott ernst genommen sein muß. Aber welcher Ernst ist das, wenn mir jemand sagt: Ich mag nicht leben, es sei denn bei dir und mit dir? Wenn Gott selbst davon überzeugt ist – und er hat es unüberhörbar bezeugt, zumal durch das, was er alles gewirkt hat aus Liebe zu uns –, es sei gut für ihn *und* mich, daß er zu mir kommen, bei mir ankommen und bleiben dürfe, wir also als Freunde und einander Liebende zusammenbleiben möchten, – was lasse ich das mir bedeuten?

Es *ist* unbegreiflich, was uns Gott als seine Liebeserklärung zuspricht. Aber ist das eine Unbegreiflichkeit, die uns unheimlich anmutet – oder ist es jene Unbegreiflichkeit, die so begeistert, daß man sich ihr rückhaltlos überläßt? Wenn daher Gott – und wer ist er! – bei mir und mit mir sein und leben möchte, wieso dann eigentlich nicht auch ich selbst? Wenn ich der Absicht Gottes Glauben schenke, was sagt mir dann dieser Glaube für die Einschätzung meiner selbst? *Wenn* ich das einmal riskiere, dieser Ansage Gottes zu glauben – und wem sollte man denn noch Glauben schenken, wenn nicht Gott? –, dann steigt in mir unweigerlich und unabwendbar diese Frage auf: Habe ich eigentlich schon einmal den Mut gehabt, mich selbst so anzuschauen, mich so zu begreifen, daß ich sehe: da ist jemand – und nicht irgendjemand, sondern Gott persönlich! –, der mich mag, mich so sehr mag, daß er sich selbst und das Seine verläßt und sich auf den Weg macht zu mir, um bei mir daheim und mit mir zu Hause zu sein? Mit welchen Augen schaue ich mich an, wenn ich das einmal wirklich gelten lasse? Lasse ich mir für mich selbst die Augen öffnen, was ich, jedenfalls für Gott, bedeute? Freilich, noch einmal muß es gesagt werden: Im Anblick *dieses* Gottes, im Anhören *dieses* seines Wunsches stellt man sich selbst in Frage, staunend und „einfach nicht glauben könnend" (wie wir dann zunächst immer sagen), daß das *die* Wirklichkeit sein soll, daß ich selbst wirklich der sein soll, den Gott persönlich meint! „Wer bin ich, daß du, Gott, mich zum Inhalt deines Lebenswunsches machst?" (Denn Gott *gab* mir ja *sein* Leben, auf daß ich lebe und er mir Gott sein könnte: was anders feiern wir denn Weihnachten!)

Wenn also Gott bei mir weilen und bleiben möchte, wieso habe ich dann Langeweile mit mir selbst oder wieso meine ich, mich nicht ertragen zu können, geschweige denn an mir Gefallen zu finden, mich selbst zu lieben? Bin ich schon einmal wirklich und ganz wach und bewußt bei mir selbst eingekehrt, um zu schauen und sogar zu erleben, wer ich und was ich bin, so daß sogar Gott selbst zu mir kommen möchte, um bei mir zu bleiben, auf daß sich darin unsere gemeinsame Lebensfreude (auch die Lebensfreude Gottes selbst! vgl. Spr 8,31 und manche Psalmen) erfülle. „Was ist der Mensch, daß du, Gott, seiner gedenkst, an ihm Gefallen findest, ihm deine ganze Liebe zuwendest, dich selbst ihm zuneigst als Bräutigam?" (vgl. Ps 8,5; 144,3; Hos 11; Jes 49,14ff u.ö.). Was halte ich folglich von mir selbst, mit welchen Augen schaue ich mich an?

Gott legt Wert auf mich mit dem Wagnis seiner selbst

Der Adventsruf will uns, so wird nun deutlich, den Mut geben und uns dazu ermuntern, dieses nun auch wirklich zu tun: sich selbst als einen solchen zu erkennen und zu begreifen, bei dem und mit dem zusammen zu weilen Gott selbst alles daransetzt. *Er* jedenfalls legt allen Wert darauf, daß es sich verwirkliche, so unbegreiflich das tatsächlich klingt. Einen welchen Wert aber legt Gott auf mich? Nun, *den* Wert, den *ich* für ihn darstelle! Und was für ein Wert ist das?

Nun, das muß ich an dem ermessen, was Gott tatsächlich eingesetzt hat, um mich zu gewinnen: die Menschwerdung seines vielgeliebten Sohnes, dessen Tod für uns am Kreuz ... als Wegstrecken *seines* Gehens zu mir! An Jesus Christus in Person als *dem* Preis, den Gott für mich einlöste, muß und darf ich ermessen, einen welchen Wert ich für Gott darstelle (vgl. 1 Kor 6,20; Röm 8,31–39; Jo 3,16 u.ö.). Freilich, wir werden, *wenn* wir das einmal für uns gelten lassen, die Worte der Elisabeth aufgreifen und vor Staunen hilflos sagen: Wer bin ich, daß *du,* Gott, zu mir kommst? (vgl. Lk 1,43). Stellst du, Gott, damit nicht alles, was ich bisher meinte von mir halten zu sollen, auf den Kopf? Oder stellt sich heraus, daß mich diese Erkenntnis erst auf die Beine stellt? Denn diese Erkenntnis, die sich im Wort der Elisabeth aussprechen mag, darf ja gerade nicht hindern, es für sich wahrhaben zu wollen: Gott selbst, persönlich, legt Wert darauf, bei mir zu sein; ihm liegt an mir; ihm liegt daran, in mir sein Zuhause zu finden, und er hat sich dafür mit dem eingesetzt, was, besser: wer ihm am Herzen liegt schon vor aller Schöpfung der Welt: sein eigener Sohn (vgl. Jo 1,18). Und bei alle dem setzt Gott jedenfalls voraus, daß ich bei mir daheim bin!

Auch Petrus konnte nicht verstehen, was Gott sich bei seiner Liebe zu uns und also bei seiner Wertschätzung denkt, die er für uns hegt, als Jesus, der Herr und Gott, ihm sogar seine Füße waschen wollte. Auch Petrus meinte, einen so handelnden, so denkenden Gott nicht zulassen, nicht an sich herankommen lassen zu können – was dieser auch nicht vermochte, *solange* Petrus es nicht erlaubte und zugestand. Wollen wir nun wirklich wie Petrus dem Ruf, der uns das Ankommen-Wollen Gottes bei uns ansagt, entgegenhalten: In Ewigkeit sollst *du,* Gott, bei mir nicht ankommen, eintreten, geschweige denn wohnen; ich bin ja ein Sünder, ein Mensch, arm, erbärmlich, unansehnlich, unerträglich, verabscheuungswürdig ...? Oder lassen wir es geschehen, was Gottes Absicht ist, so unvernünftig sie *uns* auch erscheinen mag? Und ziehen wir aus der Ankündigung (von den mannigfaltigen Verwirklichungen dieser Ankündigung für uns noch ganz zu schweigen; über sie sprechen wir noch) schon die Konsequenzen für unser Leben, indem wir zu uns selbst kommen, bei uns selber Einkehr halten und jenen Wert erkennen, schauen, kosten, verkosten, den wir tatsächlich darstellen – sofern wir Gott nicht Verirrung seines Wertgefühls und Schätzungsvermögens vorwerfen wollen, da er für uns *alles* einsetzte, gleichsam den letzten Einsatz gewagt hat, dessen Gott fähig ist: den eigenen vielgeliebten Sohn ... Jetzt begreifen wir, was es mit dem adventlichen Umdenken und mit der entsprechenden Umkehr auf sich hat!

Nächstenliebe als Frucht gott-entsprechender Selbstliebe

Uns selbst mit diesen Augen Gottes betrachten wird uns gerade nicht – wir könnten uns ja in eine entsprechende Gefahr hineingrübeln – zur Selbstüberschätzung oder gar Überheblichkeit, auch nicht zu einem nur auf sich selbst bedachten Egoismus führen. Vielmehr werden wir erst dann, wenn wir uns zu diesem Umdenken haben bringen lassen, bemerken, wer und was wir gerade auch *für andere* zu sein in der Lage sind! Liebe den Nächsten *wie dich selbst!*, das ist jener Teil des Hauptgebotes, der durch diese unsere Besinnung und Einsicht einen ganz neuen Klang bekommen kann und soll.

Das ist ja das Erstaunliche, letztlich aber in unserem Menschsein als Ebenbild-Gottes-Sein und daher in Gott selbst begründet: wir entdecken in uns die göttliche Möglichkeit und Fähigkeit, nicht für sich, sondern auch für andere etwas, nein, jemand sein zu können, der einen ungeahnten Wert darstellt, sofern wir uns nur von Gott her annehmen und uns selbst mit den Augen Gottes zu schätzen gelernt haben. Dieses Für-Sein trägt übrigens als wesentliche Note mit in sich, daß es nie ein Sich-Verlieren, Sich-Vernachlässigen oder Sich-Verausgaben bewirkt oder bedeuten müßte, ganz im Gegenteil. Das ist allen Bedenkens wert. Schauen wir daher noch ein wenig genauer auf dieses Geheimnis, das wir selbst *sind,* jedenfalls zu werden und zu sein von Gott her in den Stand gesetzt sind!

Woher möchten wir denn den Mut nehmen, uns anderen zu schenken, unser Eigentum und unsere Schaffenskraft für den Nächsten einzusetzen, wenn nicht aus bewußter und verantworteter Erkenntnis, selbst tatsächlich einen Wert darzustellen, den der andere gelten lassen und schätzen kann? Nur wenn wir überzeugt sein dürfen, wertvoll und mit der Kraft, Gutes wirken zu können, begabt zu sein, können wir doch wagen, dem anderen uns selbst anzubieten und zu schenken; andernfalls wären wir dem anderen doch nur Last, ja ein Übel. Woher sollte ich aber wissen, wer ich und was ich bin und zu wirken befähigt und ermächtigt wurde, wenn nicht dadurch, daß ich zu mir selbst eingekehrt bin und mich selbst mit den Augen Gottes zu sehen und zu schätzen gelernt habe? Nur dann kann der Gedanke in mir aufkommen und reif werden, aus Liebe das eigene Sein zu einem Für-Sein auf den anderen hin zu gestalten und zu verwirklichen. Erst indem ich mein Ich-Selbst-Sein schätze und liebe, ja es sogar pflege, ermögliche ich mein Für-den-anderen-Sein. Nur das Einstimmen in das gottgestiftete Eigen-Sein läßt das Für-den-Nächsten-Sein wagen, da man dem anderen doch keine Last, sondern Herrliches, Schönes, Reiches, jedenfalls Gutes zukommen lassen will.

Der Mut zur Einkehr zu sich selbst, von dem wir hier sprechen, ist es, der auch den Mut schenkt, sich zu lassen im Sich-Hinschenken in die Gemeinschaft. Diese Gemeinschaft, das Eins-Sein von Personen, kann nur dadurch geschehen und zur alle Beteiligten beglückenden Fülle gelangen, wenn diese Beteiligten sich selbst zu schätzen und zu gestalten gelernt haben. Sie müssen sich den Mut geben lassen, je der andere, also das je eigene Sein zu sein, um sich als solche zu entfalten und als Reichgestaltete in die Gemeinschaft einzubringen. Aus dem Ich und dem Du kann erst dann ein beide bereicherndes Wir werden, wenn die je Beteiligten sich eben nicht als ein Nichts einschätzen noch zu einem Nichts erniedrigen und entleeren, sondern sich selbst stets reicher und kostbarer gestalten, um so selbst-gestalteter und daher selbst-bewußter Reichtum für die anderen zu werden und zu sein.

So läßt uns die Einkehr zu uns selbst erkennen und begreifen, wen und was wir eigentlich schenken, wenn wir uns selbst dem Freund, dem Geliebten, dem Nächsten, je nach Situation je dem anderen, und letztlich eben auch Gott, der zu uns kommt, schenken. Frei werden und frei sein für den anderen und für Gott – wir werden es dann in gottgeschenkter Vollkommenheit zu tun imstande sein, wenn wir uns durch den Adventsruf die Freiheit haben geben lassen, uns selbst zu finden, in uns und bei uns zu weilen, ganz bei uns zu sein, um so über uns selbst und den eigenen empfangenen Reichtum bewußt auf Gott und den Nächsten hin verfügen zu können – und es auch tun.

V
Adventliche Einkehr als Einstimmung in die Absichten und Wege Gottes

Advent begehen wir zur Er-innerung des Weihnachtsgeheimnisses, das auf uns hin geschehen ist. Wir können dem gar nicht besser entsprechen als dadurch, daß wir dem Grund-Satz des heiligen Benedikt entsprechen, den er uns im 7. Kapitel seiner Regel „Über die Demut" an die Hand gibt. Er lautet: „oblivionem omnino fugiat (monachus)", zu deutsch sogleich im Sinne unserer Überlegung: „die Vergessenheit mit aller Macht fliehen", jene nämlich, die Gott und alles, was er für mich getan hat, gedankenloser Vergeßlichkeit anheimgibt. Das bedeutet, positiv gewendet: Der Christ soll Gott und dem, was von ihm her geworden und geschehen ist, wach und nach-denklich zugetan sein, es sich stets vergegenwärtigen, es sich immer vor Augen stellen (wie man sich den Geliebten und was sein ist immer vor Augen hält, während und „trotz" allem, was immer man zu tun oder zu verrichten hat), um von ihm her bewußt seine Gegenwart auf die Zukunft hin zu leben. Der Mönchsvater Benedikt meint das in seiner Mönchsregel sogleich im Blick auf alles, was Gott in Schöpfung und Geschichte für uns getan hat und tut, und somit im Blick auf Gott selbst in seiner liebenden Zuneigung zu uns.

Damit ist im Grunde nichts anderes angesprochen als die christliche Existenzhaltung überhaupt. Das hindert nicht, sondern läßt es sogar angeraten erscheinen, es einmal ganz bewußt, vielleicht sogar sich-einübend, im Sinne des Advents zu tun. Wir sollen uns ja in dieser Zeit ausdrücklicher auf das kommende Weihnachtsfest hin bereiten. Das bedeutet, seinen Teil zu tun, daß jenes Geheimnis, das *damals* für uns geschah, nun auch tatsächlich *in mir* zugelassen werde und seine Verwirklichung erfahre. Gott hat es ja schon vollbracht, was er für mich in dem damaligen Ereignis meinte in Geschichte wirken zu sollen. Meine und unsere Aufgabe besteht daher darin, darauf einzugehen. Das damals Geschehene würde ja *für mich* nach wie vor und immer bloß Verheißung und *nur Verheißung* sein und *bleiben,* solange ich nicht mit meinem ganzen Sein auf das eingehen, es an mich herankommen lassen würde, was zwar *für* mich schon geschehen, aber noch nicht bei mir angekommen, *in* mir noch nicht eigentliche, lebendig-persönliche Wirklichkeit geworden ist, weil ich mich persönlich ihm noch nicht geöffnet habe. (Wir sollten immer wieder beachten, wie sehr Gott unsere persönliche Freiheit achtet und ihr behutsam entgegenkommt.)

Einstimmung und Zustimmung zum Weihnachtsgeheimnis

Da Gott seinerseits, was das Weihnachtsgeheimnis angeht, schon alles getan hat, ist der Advent Forderung, daß *ich* mich nun engagiere, indem ich mich dem für mich Geschehenen öffne. Es gilt, dem Ankommen des gewirkten Heils bei mir (und es kommt, wie wir noch betrachten werden, auf vielfältigen Wegen auf mich zu!) nicht nur nicht immer wieder auszuweichen, also meinerseits das Ankommen-bei-mir immer wieder aufzuschieben und zu verzögern, vielmehr mit Leib und Seele darauf einzugehen. Christus ist die Gabe Gottes an uns. In ihm trat Gott als Menschgewordener in unsere Geschichte ein und er will, daß dieses sein Gekommensein nun auch von mir und in mir zugelassen werde.

Ließ uns die Einkehr bei uns selbst unseren eigenen Wert in den Augen Gottes erkennen, so sind wir jetzt gefragt, einen welchen Wert für uns wir denn nun tatsächlich Gott zumessen und zugestehen. Was ist mir Gott und sein Ankommen bei mir wert? Und vor allem: Pflege ich in mir eine solche Haltung und handle ich folglich so, wie es dem entspricht? Man kann diesen Satz auch umkehren. Dann wird er umso aufrüttelnder sein: Was läßt sich an meinem Sein und Tun ablesen in Bezug auf meine Wertschätzung Gottes für mich? Ist er wirklich jener eine und einzige Schatz, von dem Jesus im Gleichnis gesprochen hat (vgl. Mt 13,44ff; 6,21: „denn wo dein Schatz ist, da ist auch dein Herz")? Und brenne ich deswegen darauf, ihn zu gewinnen (vgl. Offb 22,20; 1 Kor 16,22; Ps 73,25–28)?

Weihnachten feiern wir die Menschwerdung des Gottessohnes zu unserem Heil. Wir müssen von dieser geschichtlichen Tatsache wirklich überzeugt sein: Gott persönlich (der Beginn des Johannesevangeliums sagt: Der Gotteslogos, der selbst Gott ist, Gott von Gott, der Einziggeborene des Vaters) hat sich entschlossen, hier auf Erden an unserem menschlichen Sein zu partizipieren, es genau wie wir sein Eigen zu nennen und es zu leben wie wir; und er *tat* es. Er tat es so sehr, daß der Menschgewordene identisch war mit seinem Namen: Immanuel – Gott-mitten-unter-uns-als-einer-von-uns. Nur wenn ich von diesem „eigentlich" unaussprechlichen geschichtlichen Faktum wirklich überzeugt bin, es mich wirklich angehen lasse, hat es Sinn, Christ zu sein und als Christ zu leben sich zu bemühen. Hier gilt im selben absoluten Sinn, was Paulus in Bezug auf die Auferweckung dieses selben Jesus Christus sagt: Wenn wir uns in unserem Glauben auf einen anderen verlassen als auf den, „der in Gottesgestalt und Gott gleich war, sich selbst erniedrigte und Mensch wurde in Knechtsgestalt" (Phil 2,6f), dann ist unser Glaube sinnlos und wir sind erbärmlicher daran als alle anderen Menschen (vgl. 1 Kor 15,17ff).

Zum Geheimnis der Inkarnation des Gottessohnes

Es geht wirklich um die Menschwerdung *Gottes,* um die Inkarnation des Gottessohnes und Logos. Gott sandte seinen ewigen Sohn in dieses unser Fleisch der Sünde (vgl. Röm 8,3; Phil 2,6–11; 2 Kor 5,21; Gal 4,4 mit 3,13). Kurz: *Gott selbst ist* in unsere Existenzweise *gekommen.* Diese Menschwerdung Gottes ist daher nicht Menschwerdung im Sinne des Zu-sich-Kommens der Menschheit, und das gar aus eigener Kraft (oder Evolution). Es geht beim Festgeheimnis von Weihnachten nicht *zuerst* darum, daß der Mensch endlich wirklich er selbst werde. Weihnachten ist nicht zuerst das Fest der (vollendeten oder zu verwirklichenden) Mitmenschlichkeit. Wir feiern vielmehr – und zwar aufgrund der geschichtlich verwirklichten *Tatsache* – die „Liebe und Menschenfreundlichkeit Gottes" (vgl. Tit 3,4) als Angekommensein Gottes selbst mitten unter uns, indem er einer von uns wurde. *Das zuerst* ist das Geheimnis, das zu feiern wir jahraus, jahrein Weihnachten begehen. Das soll dann freilich als Folge auch jenes hervorbringen, daß der Mensch *wieder,* von der Sünde erlöst, gewillt und fähig werde, wirklich *Mensch,* d.h. Gleichnisbild und Nachahmer Gottes zu werden.

Mit diesen Klarstellungen ist nichts gegen Mitmenschlichkeit berechtigten, nämlich christlichen Verständnisses gesagt. Wohl aber soll dazu aufgerufen werden, zunächst einmal das in sich und für sich zu realisieren, was überhaupt erst solche wiederzugewinnende Mitmenschlichkeit und Humanität ermöglicht und adelt: Der geboren wurde, hieß und heißt in Ewigkeit Immanuel – *Gott*-mit-uns. Nicht kam ein Mensch (und wäre er der vollkommenste gewesen) zu den Menschen, auf daß sich das Wir-unter-uns, unser Miteinander als Mitmenschlichkeit, und diese zuerst und eigentlich, ereignen könne. Vielmehr kam Gottes Sohn persönlich, der selbst Gott ist und schon immer am Herzen des Vaters ruht und allein Gott kennt (vgl. Joh 1,14.18; Mt 11,25–30), *zu uns,* um unter uns und mit uns unser Menschsein zu leben, zu er-leben und freilich auch zu vollenden.

Es hängt alles daran, dieses Geheimnis recht in den Blick zu nehmen, wenn wir Gott und seinen steten Adventsruf verstehen und in seinem vollen Ernst annehmen wollen. Nur dann entsprechen wir dem Weihnachtsgeheimnis; nur dann können wir adventliche Menschen sein; nur dann wird uns aufgehen, wo und wie Gott auf uns zukommt, nicht nur im Sinne des Advents, sondern eben tagtäglich in unserem Leben. Wir werden dies noch später ausdrücklich zu bedenken haben. Jetzt jedoch soll zunächst auf Entscheidendes des Weihnachts- und Inkarnationsgeheimnisses hingewiesen werden, von dem her wir erst Gott und seine Wege und von daher unser Leben als Christen verstehen und vollziehen können.

Zum Besonderen der Geburt Jesu

Mit Weihnachten feiern wir das Fest der Geburt Jesu Christi, unseres Erlösers. Was hat es mit dieser Geburt besonderes auf sich, daß wir sie in der Weise feiern, wie wir es seit Generationen gewohnt sind? In dieser Geburt ging es tatsächlich um etwas gänzlich anderes, als es im menschlichen Leben sonst der Fall ist. Wenn ein neuer Mensch geboren wird, so sagen wir gern und mit Recht, seine Eltern hätten ihm das Leben geschenkt. Die Eltern sind es, die, im Bewußtsein der ihnen von Gott geschenkten Möglichkeit und Mächtigkeit, ihrem Kind das Leben wünschen. *Ihm,* diesem neuen Menschenkind, ist *Leben* zugedacht, auf daß es lebe, sich seines Lebens erfreue. Er selbst, dieser neue, namentliche Mensch ist gemeint, und niemand und nichts anderes. (Der Mensch ist ja nicht Mittel zu einem Zweck, Vor-läufiges eines anderen.) Ihm persönlich ist das Leben zugesprochen, und alles wird dafür getan und eingesetzt, damit er es auch in größtmöglicher Fülle habe und es ihm verbleibe. Das Kind soll sein Leben einmal selbst in die Hand nehmen dürfen, es gemäß seiner eigenen Freiheit entfalten und zur eigenen Erfüllung bringen.

Etwas gänzlich anderes liegt bei dem vor, dessen Geburt wir am Weihnachtsfest besingen. Nicht menschliche Eltern lassen in sich den Gedanken an das Leben eines neuen Menschen aufkommen. Noch weniger sind sie es, die sich engagieren, auf daß dieser neue, namentliche Mensch werde und in das eigene Leben, zur eigenen Freude, eintrete. Hier ist der Gedanke und die Absicht aufgekommen, jemandem das Leben gerade *nicht* für sich zu geben, die menschlich-freie Existenz gerade nicht auf ihn selbst hin zu schenken. Als der Gedanke aufkommt, daß er empfangen werde, daß er als Mensch geboren werden soll, da ist gerade nicht an ihn, sondern an die anderen gedacht! Nicht daß *er,* sondern daß die anderen leben, *wirklich* wieder *leben* könnten, dafür wird ihm seine Existenz aufgetragen. Ihm wird das Leben gerade nicht für sich, sondern für die anderen gegeben. Ihm wird seine Freiheit vom ersten Augenblick seiner Existenz auf Gehorsam hin gegeben, einen Gehorsam, wie ihn sonst kein Mensch je aufgetragen bekommt (vgl. Hebr 5,5–10; 10,5–10).

Hier ist, um es mit einem Wort zu sagen, der unaussprechbare Gedanke gefaßt, dieser, der geboren werden soll als Mensch, solle menschliche Existenz erlangen dazu, daß *lieber er als die anderen* sterben möchten! In dieser Geburt soll jenes Leben begonnen werden, das von Anfang an, noch bevor es empfangen wurde, als das dahinzugebende, im Tod zu opfernde und so als todes-würdig erdacht, erachtet und auserwählt wurde, das unausweichlicher auf den Tod hin sein wird, als es je für einen Menschen der Fall war oder je sein könnte. Denn das Sterben eines *jeden* Menschen ist und bleibt ein irrationales, durch nichts verständlich oder gar annehmlich zu machendes, geheimnishaft-unheimliches Ereignis, jedenfalls nicht etwas, das man bewußt und gewollt einem Kind als Sinn und Ziel seines Leben zudenkt und zuspricht, gar zur Lebensaufgabe stellt. Nur diesem einen, der jetzt geboren werden soll, nur ihm ist das Leben gerade nicht als *ihm* zugeeignetes gegeben, vielmehr als das *den „vielen“* gewünschte und daher „für diese vielen“ dahinzugebende. „Gott hat seines eigenen Sohnes nicht geschont, sondern ihn für uns alle (in den Tod) dahingegeben, damit *wir* das Leben (wieder) hätten, und es in Fülle hätten“ (vgl. Röm 8, 32; Joh 10, 10). Gott gibt *in* diesen, der geboren werden soll, das Leben so hinein, daß es durch ihn *zu uns* gelange, und zwar durch seinen Tod. Denn nochmals: Gottes Gedanke in diesem seinem Entschluß zur Inkarnation seines Sohnes – sind *wir! Wir* sollen *wieder* ein lebenswürdiges Leben erlangen, sofern wir das Leben *durch* diesen Jesus zu uns gelangen lassen, ihn selbst bei uns als den zulassen, als der er tatsächlich als *unser* (neues) Leben vom Vater zu uns gesandt wurde, bei uns angekommen ist und vor unserer Tür steht, ob wir ihn zu uns einlassen, in unser Eigenes aufnehmen.

Zum Geheimnis der Erwählung Mariens

Was daher an uns liegt, was wir zu tun haben, damit zu seinem Ziel gelange, was Gott in seiner menschenfreundlichen Zuvorkommenheit uns Sündern gegenüber schon geschehen ließ, das kann uns auch das Geheimnis Mariens lehren und die Weise, wie sie ihrem Geheimnis entsprochen hat. Was Maria gesungen hat, als sie begriffen hatte, in welcher Weise Gott auf sie zukam und von ihr in ihr empfangen werden sollte, haben wir ja so zu verstehen: Großes hat der Herr an Maria *für uns* getan!

Wie Jesus, so hat auch Maria ihre besondere Gnade nicht so sehr für sich, sondern für uns erhalten. Wie Gott in Jesus von Nazareth die ganze Fülle der Gottheit wohnen ließ (vgl. Kol 1, 19), damit *wir* durch ihn das Heil erlangen könnten, so hat er auch Maria nicht eigentlich allein für sich selbst, sondern für uns begnadet und in Dienst genommen. Maria wurde im ersten Augenblick ihrer Existenz in jene Erlösungsgnade Jesu Christi eingetaucht, die das Ankommen Gottes persönlich bei und in uns Sündern ausmacht. Maria wurde und blieb die demütige Magd nicht nur Gottes, sondern gerade auch *unseres* Heils; denn sie empfing ihren Sohn nicht eigentlich für sich (wenngleich das natürlich auch), sondern für uns alle; sie behielt ihn nicht für sich allein, sondern ließ ihn aus sich für uns hervorgehen, im Wissen um das, was ihr Sohn einmal so formulieren sollte: Wem viel anvertraut wird, von dem wird auch viel verlangt (Lk 12, 48), und: Wer unter euch der Größte sein will, der soll euer aller Diener sein (vgl. Mt 20, 26; auch Joh 12, 26). Wieder erkennen wir: *Der* Gedanke Gottes, der ihn Maria und ihre Gnade erdenken ließ, waren

– wir! Sie wird von Gott erdacht, damit er zu uns kommen und von uns aufgenommen werden könne.

Bedenken wir, was das im letzten heißt, und dann werden die Einkehr zu uns selbst, die Selbsteinschätzung unserer selbst wie auch der Mut, in die Gedanken Gottes einzustimmen, umso nachhaltiger, tiefer und beglückender gelingen können. Denn wegen dieses „unbegreiflichen" Gedankens Gottes und seiner Verwirklichung vermögen wir ihm und seinem Kommen zu uns in Leben und Tod zu vertrauen. Der Sünder wegen erdenkt Gott sich dieses begnadete Wesen, Maria, dem nur Gottes pures Wohlwollen zuteil werden mochte. Und das Wohlwollen Gottes, das Maria in ihrer Begnadetheit ist, setzt Gott mit ihrer freien Zustimmung ein, das setzt er gar aufs Spiel, um unser Heil, d. h. seine Gemeinschaft mit uns, doch noch zu erreichen. Nicht um die Schönheit wenigstens eines einzigen Geschöpfes endlich doch vor sich zu sehen, begnadet Gott Maria, sondern um ihr das Letzte abzuverlangen, was Gott nur je abverlangen kann: den rückhaltlosesten Glauben; denn nur er vermag der erlösenden Liebe Gottes zu entsprechen. Maria hat das sehr tief verstanden. Sie begriff, daß es um das Heil der Welt, um ihre und aller Menschen Befreiung von Sünde und Tod ging, ein Werk, das Gott mit ihr wagte. So wird sie später, wenn die Tage des Heils da sein werden, den Sohn nicht gebären, um für sich ein Kind zu haben, vielmehr um es für uns sogar in den Tod hinein zu entlassen, den die Menschen fordern, ohne zu ahnen, daß ihnen darin die Möglichkeit neuen Lebens geschenkt werden könnte. Deswegen singen die Engel in Bethlehem nicht: Der Maria, sondern: *euch* ist ein Kind geboren, und sein Name heißt: Immanuel!

Was wir so an Maria lernen können, ist, einzustimmen in Gottes Gedanken und mit ihm die Wege des Heils zu gehen. Gnade seitens Gottes, vor allem Gnade, die Jesus Christus uns verdient hat, ist, das wissen wir eigentlich sehr genau, immer zuerst Gabe, Aufgabe, Amt. Maria ist zu Beginn ihres Lebens nicht in den Himmel versetzt worden, sondern in diese Welt gestellt, die auch die unsere ist. Bewahrung vor der Urschuld bedeutet ja alles andere als schon ins himmlisch-vollendete Heil hineingestellt zu sein. Gott gab Maria einen Lebensauftrag in *dieser* Welt – für uns. Er wollte, daß der Mensch endlich doch einsehe, daß er, Gott, mit ihm sein und ihm Gott sein möchte. Sündenfreiheit, das heißt doch dieses: Wieder mit Gott sein *dürfen* und eben auch wieder mit Gott eins sein *wollen*. Erst wenn der Mensch endlich wieder ja sagen würde, den Gedanken Gottes an sich herankommen ließe und in ihn einstimmen würde, könnte Gott erreichen, was seine Urabsicht war und ist. Das ist das „Privileg" Mariens: Gott wagt es, wenigstens zunächst mit diesem *einen* Menschen, ihm dieses eine, dieses entscheidende Talent anzubieten (nicht aufzuzwingen!), nämlich die Antwort, das Ja zu Gott sagen zu *können,* in aller Freiheit der Zustimmung. Mehr kann keine Macht leisten, wenn sie Liebe ist: sich anzubieten wagen. Maria ist das göttliche Wagnis, das er aus Liebe zu *uns* einzugehen riskiert. Würde Maria zustimmen, einstimmen, Gott zulassen und ihm also ermöglichen, zu uns, den Sündern, zu gelangen? Das stand zur Frage, als Gott sich durch den Engel an Maria und ihre Entscheidungsfreiheit wandte.

Gottes Geheimnis in Maria als Anfrage an uns

Wir erkennen: es ist die eine und selbe Frage, die Gott aus Liebe an die Menschen richtet: Ob er bei uns ankommen darf, von uns angenommen, aufgenommen wird, damit er uns, deren Freiheit er umsorgt, Gott zu sein vermöge, *weil* wir es zulassen, indem wir *ihn* in uns zulassen. Das Sein Gottes, das sich in seinem Namen ausspricht – Jahwe, ich bin der für euch Daseiende allezeit –, aus Liebe dem Menschen zugedacht und, uns schon immer zuvorkommend und entgegenkommend, zugewirkt, kann nur als *Geschenk* entgegengenommen und ausgekostet werden. Dazu braucht es die, die sich so zu beschenken auch den Mut und das Vertrauen geben lassen. Dazu ist Maria gefragt worden, nicht einfach und banal, ob sie ein Kind empfangen möchte, sondern ob sie *das* Kind von Gott entgegennehme, das nicht für sich selbst, auch nicht nur für Maria, sondern für alle anderen das Leben habe, ja es in Person sei. Ob sie einstimme darin, daß hier um der Sünder und *deren* Leben willen das Kind dem Tode geweiht sein möchte (geweiht in einem doppelten, zunächst von niemandem zu ahnenden Sinn!), schon im allerersten Gedanken an seine Existenz, umso mehr, seitdem er ins Leben trat. Und das ist es auch, was Joseph gefragt wurde, um sich persönlich zu entscheiden und sich bereitzuerklären, ob er das aus Gott und seinem Geist der Liebe stammende, von Maria schon empfangene Kind auch seinerseits annehme, in das Seine aufnehme, wieder nicht allein für sich, sondern „für die vielen" (vgl. Mt 1). Joseph, der zunächst meinte, sich vor dem Geheimnis Gottes zurückziehen zu sollen, entschied sich, Gott und sein Geheimnis bei sich zuzulassen – und so konnte der Gottessohn der Messias werden, da er rechtlich aus dem Hause Davids stammen mußte. Wir erkennen: Uns wird das Heil, wenn wir Menschen Gott zulassen, in seinen Gedanken einstimmen und uns liebend und glaubend trauen, seine Wege mit ihm zu gehen.

Gottes Verweilen unter uns als einer von uns

Wir wollen dem Inkarnationsgeheimnis in Hinsicht auf unsere adventliche Besinnung noch unter einem anderen Aspekt nach-denken. Mit der Inkarnation seines Sohnes verfolgt Gott ohne Zweifel das Ziel unserer Erlösung. Es ist allerdings gut, zuzuschauen, *wie* er das vollbringt, was genau er seinem Sohn zu tun aufträgt. Das tiefer zu erkennen, kann sich fruchtbar, befreiend, ja beglückend in unserem Alltagsleben als Christen auswirken. Durch die Fleischwerdung des göttlichen Logos wird ihm, dem einziggeborenen, vielgeliebten Sohn des Vaters, das *Leben in unserer Sünderexistenz* aufgetragen, wie wir alle sie aufgrund *unserer* Sünde zu leben haben (vgl. dazu 2 Kor 5,21; Phil 2,5–11; Röm 8,1–4 u. ö.). Das Erlösungsgeheimnis als Ereignis liegt daher nicht zuerst und sogleich in der *Ab*sage Gottes an alles Leid, an den Tod, an alle Armut und Bedürftigkeit wie Ungerechtigkeit, sondern zuerst gerade in deren *Annahme* durch Gott selbst. Er ist ja im Inkarnationsgeschehen in unser Leben, ja in unser durch die Sünde verunstaltetes und todgeweihtes Leben gekommen, um es *mit uns* zu teilen, mit uns *so* zu er-leben, wie wir es, wenngleich widerstrebend, erleben müssen.

Wir sollten nicht allzu eilig darüber hinweggehen. Wir müssen uns dieser Tatsache aussetzen und bedenken, wer Gott und wer wir, die Sünder, sind, was es um die Herrlichkeit des göttlichen Lebens und was es um die Erbärmlichkeit der Sünderexistenz ist, um den Hauch einer Ahnung zu spüren, was wir eigentlich Weihnachten als Beginn dieses Lebens Jesu Christi, des Gottes und des Menschen Sohn, feiern (wenn wir nicht eher den Atem anhalten, uns besinnen, ob wir das wirklich *feiern* sollen ...). Gott selbst kommt in unsere verunstaltete (d. h. eigentlich in *seine* „sehr gute", Gen 1,31, jedoch von der Sünde verunstaltete, böse) Welt, eint sich das „Fleisch der Sünde" (Röm 8,3) (*das* meint die Hypostatische Union!), um unsere verunstaltete, unerträgliche Existenz *mit uns* zu tragen. Zu den im letzten Sinn Liebensunwürdigen kommt die Liebe Gottes in Person, nicht um ihnen diese Liebensunwürdigkeit als ihre Untat richtend vorzuhalten und die entsprechenden Konsequenzen zu ziehen. So würde der Mensch in Menschengedanken handeln; so handelt leider sogar auch noch der Christ allzu oft. Gott dagegen spricht durch den Propheten Hosea: „Wie könnte ich dich aufgeben, Israel, wie dich preisgeben? Mein Herz wendet sich gegen mich um, mein Mitleid lodert auf. Ich will meinen glühenden Zorn nicht vollstrecken ... Denn ich bin Gott, nicht ein Mensch" (Hos 11,8f; vgl. noch Mk 8,31ff u.ö., 1 Kor 1,17–31; Jer 29,11).

Wenngleich sie zu Liebensunwürdigen geworden sind, so liebt Gott die Sünder und möchte, „trotz allem", zunächst ein Menschenleben lang, so lang, wie auch wir hier auf Erden sind, *mit* ihnen und unter ihnen sein und *weilen,* in *ihrer* Existenzweise *mit ihnen vereint,* auf daß sie sich, sofern sie seiner unsagbaren Liebe doch Glauben schenken möchten, öffnen, ihm die Tür gerade nicht verschließen, sich lieben lassen und daher auch selbst wieder lieben könnten. Jesus als der Immanuel wird Bruder unter Brüdern, *die Sünder sind* (vgl. die Theologie des Hebräerbriefes). Nicht werden das Leid, das

Elend, die Armut und Verfremdung, das Sterben und der Tod von ihm als solche beseitigt oder weggeschafft; nicht das ist der erste Schritt Gottes. Vielmehr wird all das zuerst einmal *angenommen,* ins Eigene hineingenommen, *mit*gemacht, dann sogar vorgemacht, indem diesem von sich aus nie Erstrebenswerten sogar ein Sinn eingegeben wird, der vergebende, überschwengliche Liebe heißt.

Kenosis als Gottes Weg zu unserer Herrlichkeit

Das Entscheidende ist, zu erkennen, welchen Weg Gott glaubte gehen zu sollen, um doch noch zu uns zu gelangen und von uns angenommen, in unser Eigenes aufgenommen zu werden. Es ist der Weg unbegreiflicher Liebe und nicht eines (uns vielleicht viel eher verständlichen) Rechtsweges. Wir sollten diesen Weg Gottes verfolgen, da wir gewürdigt werden, ja durch die Taufe schon gewürdigt sind, auf diesem selben Weg am Erlösungswerk Gottes für alle Menschen und die Welt teilzunehmen, teilzuhaben und uns beteiligen zu lassen.

Gottes Weg, den der Sohn zu gehen hat, auf dem er den Vater immer bei sich und sich mit ihm in voller Über-Einstimmung, im einen Geist der Liebe weiß (vgl. Joh 5,17.19.36; 6,58; 10,15.17.30.36ff; 15,10; 16,32), ist der Weg der Kenosis, der Selbsterniedrigung des Gottessohnes, wie wir im Anschluß an Phil 2 sagen. Es kommt für uns alles auf die klare Sicht des damit bezeichneten Sachverhaltes an, vor allem deswegen, weil wir Gott auf *diesem* Weg zu uns kommen lassen müssen, damit er mit seinem Heil auch wirklich zu uns gelange; denn einen anderen Weg ist er nicht gegangen. Die Kenosis des Gottessohnes, der nicht auf seine Gottesgestalt und -herrlichkeit pochte, sondern das Menschsein gerade in seiner Verunstaltung und Lebensnot sich zu eigen machte, diese Kenosis ist zuerst und bleibend das wiederholte, nochmals größere, unaussprechlichere Sich-Verschenken Gottes an uns. Nicht herrscherlich-gnädiges Sich-Hinabneigen zum Erbärmlichen ist die Inkarnation, sondern das Sich-selbst-Hineingeben in *die* Existenz, die zu bewältigen kein geschaffenes Wesen die Fähigkeit und Macht mehr besaß noch besitzt. Die Zuneigung Gottes zum Menschen ist sogar zum Herabsteigen bereit, wenn dieser zum Sünder und damit Todeswürdigen geworden ist. Gott *tut* es; er kommt tatsächlich und persönlich in unsere Existenz, und das nicht, um als von dieser Elendsexistenz Unberührter die Elenden gnädig hinauszuführen, sondern um *als Gott* diese Elendsexistenz *mit uns* mitzutragen, ihr nicht nur nicht auszuweichen, sie vielmehr für und *mit* uns zu Ende zu bringen.

So ist es die Absicht der Liebe Gottes zu uns: Erst wenn und erst indem der Mensch sich *dieser* unsagbaren Liebe öffnen, sie an sich herankommen, bei sich ankommen lassen würde, erst dann könnte sein, was schon der ursprüngliche Gedanke war: Gott als Gott-mit-uns, der bei uns ankommen möchte, wie nur ein Liebender bei dem von ihm Geliebten anzukommen und bleiben zu dürfen sich wünscht.

Genau dieses geschichtliche Heilshandeln Gottes, geschehen damals in der Zeit des Augustus, haben wir im Advent (wie in unserem christlichen Leben überhaupt) bewußt *vor uns,* als auf uns Zukommendes. Wir halten es uns nicht nur gedenkend vor Augen, sondern lassen es uns zuvor-sein, wie es dem Erwarten eines auf uns Zukommenden, sehnlichst Erwarteten entspricht. Gott will im Damaligen, im damals Gewordenen und als Heilsgeheimnis ewig Bleibenden bei uns ankommen. Denn das Damalige ist das, was er selbst geworden ist und wer er also *heute* für mich *ist.* Wir müssen ihm als dem, wer und was er für uns geworden ist, die Tür unserer Existenz öffnen.

Wir können an dieser Stelle einen heilvollen Gedanken anschließen, indem wir uns einer Erfahrung erinnern, die wir immer dann selbst machen oder sie bei anderen, zumal bei sich innigst Liebenden, beobachten, wenn ein angesagter Besuch im Begriff ist, einzutreffen. Da „hält man es nicht mehr aus"; man vermag nicht mehr sitzend zu warten; man steht auf, ja geht dem Ankommenden entgegen. Und je näher sich beide sind, umso mehr *laufen* sie aufeinander zu. Warum sollen wir nicht auf uns wirken lassen, was wir, wie unser Sprachgebrauch offendeckt, erfahren? Lieben Besuch erwarten, ihn ankommen lassen, heißt immer auch, ihm *entgegengehen,* auf ihn und seine Absicht *eingehen.* Sich gegenseitig aus Liebe erwarten und sich erwartend lieben, bedeutet immer schon, sich aufeinander einlassen, aufeinander eingehen, ein- und zustimmend auf das in Wort und Tat eingehen, was als Intention und Tat des anderen erahnt oder begriffen ist. Dazu machen wir uns frei von allem, offen, „arm“; wir lösen uns sogar von selbstausgedachten Wünschen, um ganz frei zu sein für Überraschungen, die der andere für uns bereit halten könnte (und, weil Liebe wirkt, werden wir nicht enttäuscht).

Das macht sicher auch ein wesentliches Moment dessen aus, was wir *Nachfolge* nennen, wenn wir damit einen Wesensaspekt christlicher Existenz meinen. Dem Herrn folgen, ihm nachfolgen, soll ja nicht als ein (nie gemeintes) Hinterherlaufen, Nach-laufen verstanden und vollzogen sein. Der Herr ist uns ja nicht als einer voraus, der unbekümmert und ohne Rück-Sicht seinen Weg läuft, ob und wie immer andere diesen Weg auch schaffen möchten, eher daran interessiert, die anderen „abzuhängen“. Christus nachfolgen bedeutet für den Christen vielmehr, auf den Herrn eingehen, in sein Werk eintreten, sich mit ihm vom einen Ziel als gemeinsamem anziehen lassen. Das gilt umso mehr, da ja nicht zuerst wir auf den Gedanken kommen, *ihm* nachzugehen, um *mit* ihm dort anzukommen, wohin *er* geht. Vielmehr hat zuerst einmal Gott den Gedanken gefaßt *uns* nachzugehen, uns suchend mit uns *den* Weg zu gehen, den *wir* aus Freiheit meinten wählen zu sollen – das Sich-Entfernen aus der von ihm begründeten Lebensgemeinschaft –, der uns aber nur in den Tod und so in letzte Ausweglosigkeit führt und den wir, *nachdem* wir uns durch die Sünde für ihn *entschieden* hatten, alle gehen *müssen,* obgleich es niemand mehr will noch vermag. Nachfolge-Gehorsam bedeutet daher, christlich gesehen, immer: eingehen auf jene Zuvorkommenheit Gottes, die ihn selbst in seinem Sohn sogar den Weg *unserer* Unheilsentscheidung gehen läßt, weil er hofft, uns wenigstens dort anzutreffen und in seiner Liebe zugelassen zu werden. Erst dann kann er unseren Unheilsweg auch für uns persönlich zum Weg des Heiles werden lassen: Der Weg des Sünders – Gottes Kreuzweg; der Kreuzweg Gottes – unser Weg zum Heil, *sofern* wir Gott in uns zulassen haben und uns von seiner Liebe doch noch gefangennehmen lassen.

VI
Der kommende Herr in unserem Alltag

Das innere Wesen unseres adventlichen Engagements erschöpft sich nicht darin, daß wir ausschließlich das eigentliche Weihnachtsgeheimnis, die Geburt Jesu Christi zu Bethlehem, als auf uns zukommendes Ereignis bedenken und im Leben fruchtbar werden lassen. Auch reicht es nicht aus, nur auf das Kommen des Herrn in seiner zweiten und endgültigen Wiederkunft Ausschau zu halten, wenn dieses nicht auch in unserem je heutigen All-Tag eine reale und spürbare Wirklichkeit bedeutet. Die adventliche Zeit und ihr Besinnungsaufruf kann und soll uns vielmehr darin weiter einüben, immer und stets, gerade in unserem normalen Alltag, vom Bewußtsein des Ankommens des Herrn überzeugt zu sein und dementsprechend zu leben. Das Kommen des Herrn ist ja nicht nur einmal *historisch* geschehen; und wir haben nicht nur die eschatologische Vollendung, das Kommen des Herrn am Jüngsten Tag zu erwarten. Vielmehr ist Gott der Herr *immer* ein zuvorkommender, auf uns liebend zukommender Gott. Wir können, mit aller Besonnenheit, aber mit allem Recht sagen: Daß Gott damals als Menschgewordener zu uns kam, um bei uns und mit uns zu sein, war und ist kein Einzelfall, vielmehr ein (allerdings herausragendes) Geschehen, das sich immer neu für uns ereignet. Denn Gott wollte und will seit allem Anfang der Schöpfung unser persönlicher Lebenspartner sein, und wir sollen die seinen sein. Wie das Miteinander liebender Menschen ein stetes Auf-sich-Zugehen bedeutet und daher ein stetes Den-anderen-bei-sich-ankommen-Lassen, so ist es nicht anders im Falle Gottes mit uns Menschen. Ja, diese Grundabsicht Gottes und ihre Verwirklichung ist überhaupt erst die Ermöglichung unserer zwischenmenschlichen Beziehungen.

Deswegen kann die Frage des Advents, die er an uns richtet, tatsächlich auch lauten: Er-lebe, erfahre ich, wie sehr, wie oft, wie stetig Gott bei mir im Alltag anzukommen versucht – und wie gehe ich darauf ein? Bedenken wir das! Es geht um das erwartungsvolle Ausschauhalten auf diesen auf mich zukommenden Gott in meinem Alltag, in dieser unserer Welt.

Gott, mein Schöpfer – meine bleibende Herkunft

Zunächst einmal ist Gott meine persönliche Herkunft; er ist mein Schöpfer. Von ihm persönlich her bin ich, leitet sich tagtäglich und stündlich mein Leben her. Ohne daß Gott persönlich tätig wäre als der, der mir das Sein und Leben gibt, wäre ich überhaupt nicht existent, wäre ich nicht da, hätte ich kein Leben. Was bedeutet mir das eigentlich? Begreife ich dieses Geheimnis? Es besagt doch (was ich immer aufs neue reflektieren, jedenfalls spüren sollte): *Er* ist es, der mich er-dacht hat; ich bin ein Gedanke Gottes, besser noch: der Gedanke Gottes – das bin ich, den er frei ins Dasein ruft, indem er mich, mich persönlich, er-denkt, wie ein Künstler seine Idee zu einem Kunstwerk faßt. Allerdings bin ich ein Mensch, d. h. ein Wesen, das sich selbst in Freiheit entgegennehmen und gestalten darf und soll. Das Entscheidende darin ist: Indem Gott mich persönlich er-denkt (denn *vor* diesem seinem Entschluß bin ich ja noch gar nicht da!), denkt er mich mir zu: Ich bin namentlich mir selbst zugedacht, und das von keinem geringeren als Gott selbst! *Er* kommt auf den Gedanken, mich mit mir selbst zu beschenken, mit meinem Leben-Können in Freiheit vor und mit ihm, Gott, selbst. Was mir so zugedacht und geschenkhaft zugesprochen und entgegengehalten wird, will daher von mir in Freiheit entgegengenommen, angenommen werden. Mein Leben, ich selbst, *bin* das mir zukommende und darin auch das mir zusagende Gut, das mir persönlich von Gott dargereicht wird.

Wie es aber bei einem jeden Geschenk gilt, das wahrhaft Geschenk (und nicht eine berechnete Zuwendung) ist, so kommt *im* Geschenk gerade auch die schenkende Person selbst auf den zu, der beschenkt wird. Wer ein Geschenk darreicht, will ja im letzten nicht eigentlich ein Etwas, sondern sein eigenes Wohlwollen, seine Zuneigung, seine Liebe, ja sich selbst dem anderen hinschenken; das Geschenk ist in dieser Hinsicht Symbol der schenkenden Person und wird ja deswegen auch nicht nach seinem eigenen, materiellen Wert bemessen und gewertet, sondern nach dem, wie sich die schenkende Person nach dem Maß ihrer persönlichen Zuneigung und Liebe in den Akt des Schenkens und in das überreichte Geschenk hineingibt. Da ich nun, was und wer ich bin, von Gott her als das mir von ihm dargereichte Geschenk zu betrachten habe, so gilt offenkundig: In mir selbst kommt mir *Gott* entgegen, und er kommt dann bei mir an, wenn ich mich selbst akzeptiere. Indem Gott mich erschafft und sein und leben läßt, gibt er mir ja Anteil an seinem eigenen Sein und Leben (denn woandersher kann er es nicht nehmen, da es außer ihm nichts gibt).

Das alles bedeutet: Allein schon aus der (keineswegs selbstverständlichen!) Tatsache, daß ich *bin,* daß ich *lebe,* als dieser namentliche Mensch, folgt für mich die Einsicht, daß Gott persönlich das mir im eigenen Dasein und Leben Zukommende und Zusagende ist. Bei sich selbst ist Gott schon längst, in aller Ewigkeit des Seins. Daß er Welt erschafft und mich in ihr, das geschieht, weil er mich mir persönlich zu-denkt, um mit mir zu sein und zu leben. Meine Herkunft aus Gott dem Schöpfer läßt mich daher erkennen: Mein eigenes Sein und Leben, solange es währt, ist das stete Auf-mich-Zukommen Gottes. Indem ich es bewußt als solches entgegennehme – nämlich als mir von Gott zuteilwerdendes und nicht selbstgemachtes Sein –, lasse ich geschehen, was Gottes eigentliche Absicht war und ist: Sein Ankommen bei mir, um mit mir zu sein – und ich mit ihm. Und ist es nicht so unsere Empfindung, daß uns Leben *das* Zusagendste der Welt ist? Ist es nicht so, daß, wann immer wir gefragt werden, was uns denn zusagt, was wir uns folglich wünschen, wem wir eigentlich und im letzten immer freudig zustimmen, wir dieses jedenfalls immer nennen: Leben, Freude! Wenn es nun gilt, daß Gott mein Leben ist und er also in dem mir dargereichten Leben ständig auf mich zukommt, dann muß mich das umso tiefer berühren, als ich begreife, wer Gott ist und wer ich bin. Es muß mich doch zutiefst ergreifen, wissen zu dürfen, daß auf diesem einfachsten Weg Gott selbst zu mir kommt. Indem ich mich selbst wirklich bewußt von daher entgegennehme, von woher ich mein Sein und Leben herkommend weiß, tritt mir Gott selbst entgegen, er, meine Herkunft, die mir zukommt.

Das Geschaffene – Gottes Zugang zu uns

Der einzelne Mensch ist nun freilich nicht ein einziges gottgeschaffenes menschliches Wesen, auf das zutrifft, was wir soeben bedacht haben. Ein jeder Mensch ist Ebenbild Gottes, in das Gott sich selbst hineingesenkt hat. Das bedeutet dann unmittelbar: Es ist gar nicht nur mein eigenes Sein und Leben, das mir von Gott zukommt. Es sind vielmehr auch die anderen Menschen, an deren Dasein und gar Für-mich-Dasein ich mich erfreuen kann als an meinen Wünschen schon längst zuvorkommenden Geschenken. Die ganze Schöpfung, so heißt es im Schöpfungsbericht der Bibel, hat Gott uns Menschen anvertraut. In diesem Sinn (der zwar oft mißverstanden wird, den man aber nicht unbedingt mißverstehen muß) habe ich die ganze Welt und ein jedes einzelne Geschaffene in ihr, vor allem aber die Mitmenschen, als Ausdruck göttlicher Zuvorkommenheit zu betrachten. Noch bevor ich war, bereitete Gott in seinem Zuvorkommen mir gegenüber, was mir zum Leben und zur Freude dient.

Auch hier steht wieder die Frage vor uns, die wir mit Frucht für unsere Lebensfreude ständig in uns wachhalten sollten: Realisiere ich eigentlich diese tagtäglich zu erfahrende Zuvorkommenheit Gottes? Wir wissen allerdings – leider machen wir eben allzu oft auch diese negative Erfahrung: Wir nehmen *so* viele Dinge und Ereignisse unseres Alltags einfach als „Selbstverständlichkeiten" und übersehen daher, was es eigentlich um die Dinge ist. Meistens bemerken wir, wie wenig selbstverständlich der Dienst der Eltern, der Mitmenschen ist, wenn sie nicht mehr am Leben sind; dann erst, so sagen wir, erkennen wir, was wir an ihnen hatten. Warum ist das so? Ist *das* „natürlich"? Oder müssen wir uns nicht gegenseitig dazu ermahnen, alles das, was nicht selbstverständlich ist, nach dem Grund seiner Nicht-Selbstverständlichkeit zu befragen – wenn wir sie nicht längst erspürt haben: die Liebe, die spontan wirkt und nicht nach Anspruch und Muß fragt. Dann werden wir auch wieder lernen, intensiver auf Gottes Zuvorkommenheiten aus Liebe zu achten, sie zu bemerken, Gott darin zu uns und bei uns ankommen zu lassen und alles – bedanken! (vgl. Röm 1,18–21).

Leid und Absurdität in unserer Welt und Gottes Zuvorkommenheit

Hier regt sich in uns allerdings sehr oft eine bange Frage, wenn nicht gar ein verzweifelter Widerspruch, nämlich: Ist die Welt denn tatsächlich, ist das menschliche Leben denn wirklich dieses so Zusagende und Herrliche, wie es hier vorgestellt wird? Oder ist die Welt und sogar das menschliche Leben inzwischen nicht doch so verunstaltet, daß es gar nicht mehr gelingen kann, in alle dem Gott noch als den Zuvorkommenden und Liebenden zu entdecken, der mit jedem neuen Morgen, mit jeder neuen Sekunde persönlich auf mich zukommt? Dieser Einwand wiegt schwer und soll nicht leichten Sinnes übergangen werden. Er begegnet ja auch in den Psalmen („Warum schläfst du, Gott? Wann siehst du endlich unsere Not?"), und das ganze Buch Ijob ist ein einziger Aufschrei dieser unlösbar erscheinenden Frage (um von modernen Richtungen entsprechenden Charakters hier zu schweigen, wenngleich wir sie nicht übersehen sollten).

Im selben Buch Ijob gibt aber Gott seine Antwort auf diese unsere bange Frage, eine Antwort, die wir vielleicht aufs erste nicht vermuten möchten, die wir jedoch ernst nehmen, wenigstens einmal in Ruhe anhören sollten. Gott leugnet nicht alle jene Momente des menschlichen Daseins, wie sie sich tatsächlich zeigen, doch verweist er auf Elemente unserer Erfahrung, die es im Sinne Gottes zu interpretieren gilt. Daher wäre seine Antwort, wie sie das Buch Ijob bietet, mißverstanden, würde man meinen, sie wolle schon eine alles umfassende Klärung der bedrängenden Not menschlichen Leids und aller Absurditäten bringen. Das hindert aber nicht, die Antwortelemente zu hören, zu bedenken und auf sich wirken zu lassen. Was ist es, worauf Gott verweist, um im Sinne des Buches Ijob dem Menschen seine Nähe trotz aller und in aller Not anzuzeigen? Er lenkt unseren Blick – erstaunlich genug; oder vielleicht gar nicht so erstaunlich! – auf die Natur, auf das Naturgeschehen Tag und Nacht, auf die Gesetzlichkeiten des Universalgeschehens, um dem Menschen zu zeigen, daß alles das nicht blinder Zufall, sondern letztlich gott-besorgt und daher *auch* als Teil der Zuvorkommenheit Gottes für den Menschen zu begreifen ist. Es ist ein Angebot Gottes, in dieser Weise einmal die Wirklichkeit zu betrachten, *auch* das zu sehen. Dann kann vor den Blick treten, daß Gott gerade auch im Leid nicht fern ist. (Wäre das alles, was Gott dazu zu sagen hätte, könnte man enttäuscht sein; wir wissen als Christen aber um entschieden mehr, wie wir auch in den bisherigen Besinnungen schon begriffen haben.)

Gott läßt – und offensichtlich vermag nur Gott so zu handeln – in seiner Liebe regnen über Gerechten und Ungerechten, und er läßt seine (!) Sonne aufgehen über Bösen und Guten (vgl. Mt 5,45), und das gerade nicht aus Gleichgültigkeit, Vergeßlichkeit oder aus einer Mentalität, die „die Dinge einfach laufen läßt", sondern auf daß *alle,* ob gerecht oder ungerecht, endlich die Zuvorkommenheit Gottes spüren und dementsprechend zu leben sich entschließen möchten. Gott hat sich auch durch unsere Sünde und ihre Zerstörungen nicht davon abbringen lassen, uns zu lieben, bei uns weilen zu wollen. Daher kommt er tagtäglich zu uns in unsere Welt, *wie sie tatsächlich ist.* Was an ihr verabscheuungswürdig ist, wird als solches nicht negiert, übersehen oder bagatellisiert. Doch ist das für Gott gerade kein Grund, sich selbst, persönlich, davon zu dispensieren. Er kommt zu uns als denen, die wir wirklich sind, Sünder. Und er kommt zu uns in unsere Welt (die ja die seine ist, die allerdings *wir* sündigend verunstalteten und verunstalten), wie sie tatsächlich ist. Er kommt aber, um uns und unsere Welt zu ändern, nämlich ins Heil zu bringen. Er tut es freilich auf *dem* Weg, den er aus Liebe glaubt gehen zu sollen: *mit uns, in* unserem selbstheraufgeführten Leid, sich selbst davon treffen lassend, und eben nicht aus der Ferne und in der Ferne bleibend. Uns und unsere Welt doch noch zum Guten hin (wieder) zu ändern, gelingt auch Gott nicht, es sei denn, ich lasse Gott zunächst einmal hier, bei mir, *ankommen* (was doch *auch* heißt, ihn nicht von sich fern-halten!, was wir, bewußt oder unbewußt, allzu oft tun, indem wir ihn als den Zu-uns-Kommenden übersehen). Erst dann kann er an mir und meinem Dasein, an meiner und unserer Welt das Entscheidende ändern, und wir mit ihm.

Alles in allem: Bemühen wir uns, Gott jedenfalls durch diese erste, alles eröffnende Tür bei uns ankommen zu lassen, nämlich durch unser Geschöpf-Gottes-Sein, d. h. durch bewußtes Annehmen unserer Herkunft aus Gott, durch unser bewußtes Uns-selbst-Annehmen aus Gottes Hand. Dann werden wir uns und unsere Welt mit Gottes Augen und in Gottes Wertschätzung zu schauen imstande sein, weil wir in seinen Geist einstimmen. Für sich gegenseitig zulassende und vereinte Liebende wird alles neu! Um wieviel mehr, wenn der eine von ihnen Gott selbst hier bei uns ist!

Gottes Ankommen und unser Sprechen-mit-Gott

Das Miteinander liebender Menschen ist, wie wir schon einmal *die* Grunderfahrung unseres Lebens festgestellt und ausgesprochen haben, ein stetes

Auf-sich-Zugehen und ein stetes Den-anderen-bei-sich-ankommen-Lassen, ist stets neu vollzogenes persönliches Begegnen und Miteinander-Beisammensein, und das alles in persönlich-freiem Vollzug bewußten Tuns. Nicht anders gilt es für den auf uns zukommenden Gott und uns, die wir auf ihn eingehen, ihm darin sogar entgegengehen – *sofern* wir freilich auf ihn eingehen. Wir vollziehen dieses Auf-einander-Zugehen und Auf-den-anderen-Eingehen am eindrucksvollsten im Gespräch. Wir wissen: Nicht mehr miteinander sprechen ist – das ist unsere bedrückende Erfahrung – immer sogleich auch das Auseinandergehen. Im Miteinander-Sprechen und im Miteinander-im-Gespräch-*Bleiben* gehen wir aufeinander zu und aufeinander ein, um immer mehr untereinander eins zu sein. Es gehört daher erfahrungsgemäß dazu, daß *beide* Partner darin wach und bewußt engagiert sind. Wie dieses Miteinander-im-Gespräch-Bleiben von liebenden Menschen für ihr gemeinsames Leben *das* Entscheidende ist, so nicht anders für *die* Lebensgemeinschaft, die Gott begründet und mit dem Menschen zu gestalten sich entschlossen hat. Daher liegt alles daran, daß wir auch unsererseits uns um dieses Im-Gespräch-mit-Gott-Bleiben bemühen. *Er* hat das Gespräch der Liebe begonnen, als er uns erschuf, als er uns mit uns selbst und in uns mit sich selbst beschenkt hat. Es liegt daher an uns, auf diesen Zuspruch seiner selbst, den Gott bei uns angekommen und angenommen wissen möchte, einzugehen, uns also auf das von ihm begonnene Gespräch mit Gott einzulassen und darin zu verbleiben. Wir nennen es Gebet, Beten, was hier kurz vom Adventsruf her bedacht sein soll.

Beten ist der entscheidende Test- und Ernstfall, in dem sich zeigt, ob wir auf den uns immer neu zukommenden, sich uns zusprechenden Gott eingehen oder nicht. Wir wollen jetzt „Beten" in dem ganz weiten Sinn des Gesprächs-mit-Gott fassen. Es meint ja nicht nur, gar nicht einmal zuerst Bittgebet; Liebende sprechen sich alles und jedes zu, besprechen alles und jedes miteinander, ohne daß man je auf den Gedanken käme, den anderen zu langweilen oder ihm mit Dingen, Gefühlen, Wünschen zu kommen, die ihm „auf die Nerven gehen". Bedenken wir daher einige Momente des Betens, gerade auch solche, die uns Schwierigkeiten machen, im Lichte des Adventsrufes!

Eine erste Frage ist da meist die nach der tatsächlichen oder vermeintlichen Ferne, wenn nicht gar Abwesenheit Gottes, wenn wir beten wollen. Ist Gott denn überhaupt so anwesend, so lautet immer wieder unsere bange Frage, daß wir auf ihn hin sprechen können, an ihn unsere Worte richten können? Dazu könnte als Antwort gerade der recht verstandene Adventsruf gelten, der uns ja nichts anderes kundtun will als eben die Wirklichkeit, daß nämlich Gott seinerseits alles unternommen hat und unternimmt, um bei uns anzukommen. *Er* ist da; und so ist Gebet zuallererst tatsächlich *unser*

Eingehen auf das von Gott begonnene Gespräch. Er *hat* uns schon angesprochen und spricht uns vielfältig an und erwartet sinnvollerweise unser Antworten, d. h. unser Eingehen in das von ihm begonnene Gespräch wie unter Liebenden. Dazu ist aber gefordert, zu diesem Gespräch auch ganz präsent zu sein, besser noch: sich selbst gegenwärtig zu machen.

Wir kennen das alle als eine negative Erfahrung unserer zwischenmenschlichen Gesprächssituationen, daß da nämlich jemand zwar physisch da ist, aber mit seinen Gedanken, mit seinem Herzen ganz woanders weilt. Man kann am selben Frühstückstisch miteinander speisen und scheinbar in Einheit beisammen sein; in Wirklichkeit trennen Welten beide voneinander, weil der eine „ganz woanders ist", jedenfalls nicht bei diesem anderen, mit dem er bei Tisch sitzt. Das bewußte Vollziehen dieser eigenen Gegenwart ist Vorbedingung jeglichen sinnvollen Gesprächs. Daher ist es unsere Aufgabe, auf daß das Beten gelinge: sich selbst wirklich ganz wach gegenwärtigsetzen. Dazu „muß" ich glauben und aus diesem Glauben wissen, daß der andere es jedenfalls tut, nämlich sich zu diesem gemeinsamen Gespräch gegenwärtig zu halten. Gott tut es! Gott ist es ja nicht, der sich verborgen, der sich zurückgezogen, der sich verweigert hat; ganz im Gegenteil!

Aber auch dann, wenn wir uns auf Gott hin zum Beten gegenwärtig setzen wollen und es tatsächlich vollbringen, kann es immer noch Dinge und Situationen geben, die erschweren oder gar fast verunmöglichen, was eigentlich geschehen möchte. Da ist es gut, sich an die Geschichte des Menschen mit Gott und an die Folgen dieser Geschichte zu erinnern, gerade auch bei der Gelegenheit des Betens: Die Sünde hat das uneingeschränkte, unmittelbare, unbelastete Gespräch des Menschen mit Gott unmöglich gemacht. Vieles ist und bleibt verstellt, so daß wir Gott nicht und Gott uns nicht erreicht, zunächst. Wir kennen das, etwa aus unserer eigenen Familiengeschichte, wie bestimmte Vorkommnisse das Miteinander-Sprechen belasten, wenn nicht gar zum Verstummen bringen. Der Adventsglaube läßt uns nun aber wissen, daß Gott alles darangesetzt hat, auf daß wir wieder in das Gespräch mit ihm eintreten könnten – *wenn* wir auf ihn eingehen. Wir brauchen deswegen das Verstelltsein Gottes gar nicht zu leugnen. Es bleibt zunächst noch unsere Last. Doch ist es nicht mehr entscheidend; es ist wenigstens so weit überwunden, daß es wieder gelingen kann, Gott zu erfahren. Das ist ja, was Jesus Christus jedenfalls schon einmal uns Christen zuteil werden ließ: Denken wir an die Taufgnade mit all ihrer Wirklichkeit!

Beten, so sagten wir, ist der Ernstfall unseres Eingehens auf den auf uns zukommenden Gott. Es ist aber nicht der einzige Weg, auf dem Gott zu uns gelangen möchte; es gibt viele andere. Auf einen wollen wir noch kurz eingehen, zumal er heute vielleicht wichtiger ist als zu anderen Zeiten. Auf diesen Weg werden wir hingewiesen durch die Johannesbriefe wie vor allem durch das Wort Jesu in Mt 25,31–46. Auf eine Kurzformel gebracht, ist da nämlich gesagt: Gott kommt auf uns zu auch durch den Nächsten! Das ist allen Bedenkens und, vor allem, tätigen Eingehens wert. Der Weltenrichter wird einmal sagen: „Ich war arm, krank, hungrig, durstig ..., und ihr habt es erkannt und entsprechend gehandelt – oder eben nicht." Das heißt doch für mich *heute:* Der Kranke, Arme, Hungrige ..., der mir da begegnet, der da unvermutet auf mich zukommt und mich betroffen macht (oder vielleicht nicht?), das ist der Herr! Haben wir je schon an diesen Advent Gottes für uns gedacht und entsprechend gehandelt? Und wir müssen das im Namen des Evangeliums Jesu Christi auf einen jeden Nächsten ausdehnen: Gottes- und Nächstenliebe stehen so eng ineinander, daß sie gar nicht getrennt werden können. Dafür spricht der erste Johannesbrief wie diese Mt-Stelle eine zu eindeutige Sprache.

Nehmen wir diese Ankündigung Jesu wirklich

beim Wort – und etwas anderes können wir gar nicht tun, da wir uns sein Wort unser Heil sein lassen –, dann begreifen wir, worin wir uns im Advent einüben müssen. Wir sollten es tun. Und wir sollten es tun gerade nicht als Bußübung noch als ein asketisches oder sonstwie als Belastung empfundenes Tun, sondern als liebendes Eingehen auf *den* Gott, der uns auch in solchen Nächsten als Liebe und nichts als Liebe, als Freude und nichts als Freude entgegenkommt, ja zuvorkommt. Dann wird erfahrbare Wirklichkeit, was wir alle von Weihnachten auch erwarten und für die Welt benötigen: Daß aus dem Gott-mit-uns-Sein Gottes uns die Fähigkeit eben nicht nur zu unserem Mit-*Gott*-Sein erwächst, sondern in gleicher Intensität auch unser Mit-dem-anderen-in-Liebe-Sein, also unsere *Mitmenschlichkeit* ihre eigentliche Kraft empfängt, von *dem* Gott her nämlich, den zu uns zuzulassen und bei uns einzulassen wir im Advent aufgerufen sind.

Carlo M. Martini

Hoffnung der Weihnacht

„Wer zum inneren Kern der Weihnachtsbotschaft vordringen will, um aus ihr Hoffnung und Mut zu schöpfen, entdeckt in diesen sieben Betrachtungen, die durch herrliche Bilder illustriert sind, für sein Leben neuen Sinn" (Belgischer Rundfunk).

„Kardinal Martini meditiert Themen der Weihnachtsbotschaft, die durch die Darstellungen alter Meister veranschaulicht werden. Wer sich auf seine Betrachtungen einläßt, der wird den ursprünglichen Sinn des ‚Gott ist Mensch geworden' wieder neu entdecken und für sein Leben neue Orientierung finden" (Würzburger Diözesanblatt).

64 Seiten mit 6 mehrfarbigen Abbildungen, gebunden.
ISBN 3-451-19988-2

Verlag Herder Freiburg · Basel · Wien

Joseph Kardinal Ratzinger – Heinrich Schlier

Lob der Weihnacht

„Alles ist ein einziges Lob der Weihnacht, des Festes, das sich nicht in Festlichkeit und Geschenken, sondern in Stille und Betrachtung erschließt und von Gott spricht, der zu den Menschen gekommen ist, um mit ihnen zu leben und zu teilen" (Westfälische Nachrichten).

„Vom Lob der Hirten, einem Meisterwerk der meditativen Exegese von Heinrich Schlier, geht Kardinal Ratzinger in vier Betrachtungen über den Stammbaum Jesu, den Baum des Lebens, den neuen Stern und das Licht, das in der Finsternis leuchtet, über zum Lob des Kindes" (Katholisches Sonntagsblatt, Würzburg).

64 Seiten mit 6 mehrfarbigen Abbildungen, gebunden.
ISBN 3-451-19701-4

Verlag Herder Freiburg · Basel · Wien